AF403781

LE

JOURNAL DES DÉBATS

ET LE

TRAITÉ DU 15 JUILLET.

L'homme absurde est celui qui ne change jamais.

PRIX : 50 CENTIMES.

PARIS,

DEGOUVÉ DENUNCQUES,

ÉDITEUR DE L'ALMANACH POPULAIRE,

rue Lepelletier, 3.

—

1840.

LE JOURNAL DES DÉBATS

ET

LE TRAITÉ DU 15 JUILLET.

Il n'est personne qui ne sache que le *Journal des Débats* est l'organe de la Cour.

Depuis dix ans, sa politique a été inspirée par la pensée royale.

Le but de cette brochure est de faire connaître quelle a été cette pensée au moment où le traité du 15 juillet fut conclu, afin qu'on puisse savoir quel pas a fait cette politique, et dans quel sens elle a marché, à mesure que les quatre puissances coalisées contre la France ont montré plus de raideur et plus d'audace.

Le *Journal des Débats* savait parfaitement, il y a trois mois, que les quatre puissances, en se coalisant, laissaient notre pays dans la solitude ;

Il savait que le système de nos relations extérieures, qui s'appuyait sur l'assistance de l'Angleterre, était anéanti ;

Il savait que le maréchal Soult avait promis positivement à Méhémet-Ali l'hérédité de la Syrie et de l'Égypte, et qu'il lui en avait donné pour garant *l'honneur et la loyauté* de la France ;

Il savait que cette promesse avait suspendu la marche victorieuse d'Ibrahim sur Constantinople, et sauvé la paix du monde ;

Il savait aussi que les puissances rivales n'ont pas voulu permettre que la parole de la France fût accomplie, et qu'elles ont décidé du sort du Pacha et fait acte de souveraineté en Orient, sans la France et malgré la France.

Tous ces faits évidens, le *Journal des Débats* les connaissait parfaitement.

A ses yeux, la signature du traité était une insulte, une atteinte à notre honneur, une déchéance de notre rang, une menace grave pour l'équilibre européen, une menace non moins grave encore à nos intérêts comme puissance méditerranéenne.

Aussi, avant même que le traité fût ratifié, le *Journal des Débats* s'écriait que si ce traité était exécuté, c'était *la guerre, la guerre à outrance !* Il ajoutait que la France ne reculerait pas, qu'elle ne pouvait pas reculer sans tomber au rang d'une puissance de second ordre.

Et pendant que l'organe du château imprimait de telles paroles, les journaux racontaient que le roi avait exprimé aux ambassadeurs d'Autriche et de Prusse des sentimens parfaitement conformes à ceux du *Journal des Débats*.

Ces sentimens, on les trouvera développés dans les quatorze articles que nous réimprimons aujourd'hui.

Qu'on s'en souvienne bien ! le traité n'avait pas même été ratifié encore, lorsque les premiers de ces articles furent publiés ; les autres précédèrent l'exécution du traité.

La fierté de cette politique s'est arrêtée pourtant un jour.

Ce fut le jour même où le canon de Beyrouth vint apprendre à la France que ce traité, qui était une insulte à notre honneur, une atteinte à notre puissance, à nos intérêts, à notre influence maritime, une coalition insolente et pleine de périls ; que ce traité, dont on devait empêcher l'exécution par la force, recevait, malgré nos protestations et nos armemens, une complète et violente exécution !

Que l'on compare le langage du *Journal des Débats* à celui qu'il tient aujourd'hui.

Le traité n'a changé ni de nature, ni de caractère ; la coalition a marché en avant..... et la France s'est prosternée !

PARIS, 28 JUILLET.

La nouvelle, aujourd'hui certaine, du traité arrêté à Londres entre les représentans des quatre puissances au sujet des affaires d'Orient nous afflige : elle ne nous décourage pas. « Nous croyons la France, même dans son isolement, assez » forte de son bon droit, de sa population belliqueuse, de ses ressources maté-» rielles, pour entrer, s'il le faut, dans la lutte avec avantage. » Nous ne désespérons pas encore du maintien de la paix. Non, nous ne pouvons pas croire que cette paix dont l'Europe jouit depuis vingt-cinq ans, qui a créé entre les peuples des liens si étroits de fraternité et d'intérêt, cette paix à l'ombre de laquelle la civilisation a grandi, menace subitement de s'écrouler sans qu'un cri d'indignation générale fasse sentir aux gouvernemens que nous ne sommes plus à une époque où l'on dispose du sang et de la fortune des hommes sans les consulter ! « Car il ne faut pas s'y tromper : si la guerre commence, elle sera » terrible ; la France, qui ne l'a pas provoquée, qui a fait pour la prévenir tout » ce que son honneur lui permettait de faire, s'y jetera tout entière. Plus la « France a donné de preuves de sa modération, de sa loyauté, de son désir de » ne pas troubler le monde, plus l'offense qu'on lui fait lui blessera le cœur. » A ce jeu terrible des batailles, ce n'est pas nous qui avons le plus de risques à courir. Nous n'avons pas à maintenir sous notre obéissance des provinces « con-» quises et ne portant le joug qu'à regret ; nous n'avons pas une Irlande atta-» chée à nos flancs ; notre pays n'est pas un amalgame, toujours prêt à se dis-» soudre, de débris de royaumes et d'empires rapprochés d'hier ; » c'est le temps, c'est la conformité des mœurs qui a fait la France, et non le caprice des traités ; nous parlons la même langue, nous reconnaissons les mêmes lois. Nous avons des hommes et de l'argent pour la guerre la plus longue et la plus difficile. « In-» sensés les gouvernemens qui porteront la première atteinte à une paix que » nous seuls nous aurions le droit de trouver dure, puisque nous sommes les » seuls qu'elle ait dépouillés ! »

Non, encore une fois, nous ne pouvons pas croire que, pour donner à la Russie l'occasion de réaliser les plans que son ambition a conçus depuis si longtemps, les puissances européennes se lancent en aveugles dans les hasards d'une pareille guerre. Nous ne mettons même pas en ligne de compte ces sentimens de justice et d'humanité que la politique cependant n'est pas libre aujourd'hui de mépriser. Nous ne parlerons pas, si l'on veut, du commerce anéanti, de tous les malheurs et de toutes les barbaries de la guerre succédant aux merveilles de la civilisation et de la paix. Nous nous demandons quel intérêt a l'Autriche, quel intérêt a la Prusse à servir les projets de la Russie ? Dans un partage de l'Empire ottoman, le lot de la Russie est marqué d'avance : c'est Constantinople. Quelle compensation espère-t-on à Vienne et à Berlin ? Le prétexte du traité est le maintien de l'Empire ottoman dans son intégrité ; mais qui ne voit que la destruction de cet Empire en est le but ? On met en avant la nécessité de réprimer l'ambition du pacha d'Egypte et de faire rentrer un vassal dans son devoir ; mais qui ne comprend qu'on veut ruiner dans le vassal le dernier appui du maître, et dans l'Egypte, la partie encore entière et vivante de cette Turquie que l'on convoite ? L'intégrité de l'Empire ottoman, c'est nous qui la défendons de bonne foi, en nous opposant à la ruine de l'Egypte. Si la Porte ne cède pas la Syrie à Méhémet-Ali, elle cédera aux Russes le Bosphore et Constantinople. C'est le chemin de cette capitale que la Russie veut s'ouvrir à tout prix. Est-ce que l'Empire russe n'est pas déjà pour l'Autriche et pour la Prusse un voisinage assez gênant ? Quoi ! ces deux puissances si clairvoyantes, si sages, accepteraient l'incroyable mission d'occuper la France et de consumer leurs forces contre elle, pendant que la Russie s'assurerait la possession de Constantinople et l'empire de la mer Noire? Si cela est, il faut désespérer de la sagesse humaine.

Mais l'Angleterre, l'Angleterre rivale avouée de la puissance russe, n'est-elle pas complice de cette indigne et fatale machination? L'Angleterre, notre alliée, n'a-t-elle pas signé, à notre insu, ce traité qui renverse l'équilibre de l'Europe? N'est-ce pas elle qui offre aux Russes les clefs de Constantinople? Qu'est devenue l'alliance anglaise, cette alliance sur laquelle nous avons toujours dit que reposait la paix du monde? n'est-elle pas brisée?

Oui, il est vrai, nous reconnaissons avec douleur que le ministère anglais a rompu, autant qu'il dépendait de lui, les liens qui unissent les deux grandes monarchies constitutionnelles de l'Europe. Il est vrai que, par sa folie, lord Palmerston a mis les forces de l'Angleterre au service de l'ambition russe. Il est vrai qu'au moment même où l'on nous prodiguait de mensongères protestations d'amitié, on traitait sans nous, contre nous, « avec une insolence que la France ne sup-
» portera pas, son honneur le lui défend, si l'Angleterre ne désavoue pas son
» cabinet. Lord Palmerston est l'ennemi de la France, ce dernier acte le prouve
» trop clairement. Après un pareil traité, aussi contraire aux intérêts les plus évi-
» dens de l'Angleterre qu'aux nôtres, offensant dans sa forme, absurde au fond,
» nous n'espérons plus rien de l'équité, de la prudence du ministère anglais;
» nous comptons sur le bon sens de l'Angleterre et sur la sagesse de son Parle-
» ment; le traité est l'ouvrage de lord Palmerston, il n'est pas encore celui de
» la nation anglaise. Lord Palmerston a pu le signer dans l'ombre; le Parlement
» ne l'a pas ratifié. Si lord Palmerston a sacrifié à sa vanité, à sa haine contre la
» France tous les intérêts de son pays, lord Palmerston n'est qu'un ministre que
» demain le Parlement peut chasser honteusement. » N'oublions pas que ce mi-
nistère, qui compromet si légèrement la paix de l'Europe, est lui-même tous les jours à deux doigts de sa perte, et que, pour faire servir l'argent de l'Angleterre à solder une nouvelle coalition contre la France, il n'a pas dix voix de majorité. Dans un pays constitutionnel comme l'Angleterre, le caprice d'un ministre n'est rien, la volonté de la nation est tout. Le cabinet anglais a beau s'envelopper de mystère et cacher ses mauvais desseins dans des phrases équivoques, il ne dépend pas de lui, grâce à Dieu, d'échanger l'alliance française pour l'alliance russe. « Son traité, tout signé qu'il est, n'est qu'un chiffon de papier que le
» Parlement est le maître de déchirer. » Lord Palmerston n'allumera pas la guerre, il ne réveillera pas cette vieille antipathie qui vit encore dans son cœur, mais que vingt-cinq années de paix, les progrès de la civilisation, la conformité des institutions, ont étouffée dans les cœurs de tous les Anglais éclairés. L'Angleterre d'aujourd'hui n'est pas l'Angleterre de Pitt, pas plus que la France d'au-
jourd'hui n'est la France de la Convention et de Robespierre. Le ministère anglais s'est chargé d'une responsabilité sous laquelle « il succombera, nous l'espérons,»
en signant un traité qui brise une alliance que ce ministère lui-même a vingt fois proclamée la base la plus solide de l'équilibre et de la liberté de l'Europe;
ses propres paroles le condamneront. « Tant qu'un vote solennel ne nous aura
» pas détrompés, nous persisterons à croire que l'Angleterre et son Parlement
» raffermiront la paix, si témérairement ébranlée par un ministère aux abois. »
» Nous n'en approuverons pas moins le ministère français de prendre toutes
» les précautions qu'une crise si imprévue et si grave rend justes et nécessai-
» res. Nous espérons encore la paix; mais ce qui vient de se passer ne prouve
» que trop qu'il ne faut pas se fier sur la sagesse des gouvernemens et sur leur
» clairvoyance. Soyons prêts à tout, même à la guerre. La France a épuisé la
» mesure des sacrifices qu'elle pouvait faire avec honneur à la paix. Ce qu'on
» exigerait d'elle aujourd'hui ne serait pas autre chose que le sacrifice de sa gran-
» deur, de sa sûreté, de son indépendance. » Si l'alliance anglaise lui manque, elle aura pour elle son droit, sa modération, sa cause, qui est celle de l'Europe, contre l'ambition russe appuyée par les folles complaisances du ministère anglais. Ce n'est pas ici le moment de rechercher si nos ministres, un peu aveuglés par leur amour-propre, n'ont pas eux-mêmes manqué d'habileté et de prévoyance; nous ne voyons pas le ministère. Nous ne voyons que le gouvernement, qu'il est du devoir de tous les bons citoyens de soutenir et d'encourager. « La question
» ministérielle est bien petite quand, d'un jour à l'autre, la France peut être ap-
» pelée à déployer tout ce qu'elle a de forces pour garder dans le monde la place
» qui lui appartient et qu'on lui dispute. »

PARIS, 29 JUILLET.

Rendons à l'Angleterre cette justice, qu'elle est, avec la France, le seul pays

en Europe où puisse retentir impunément le mot de liberté. Voilà pourquoi nous avons toujours mis au premier rang de nos vœux, celui de voir les deux nations marcher à la tête de la civilisation, servir de double rempart à l'occident contre l'invasion de nouveaux Barbares, et assurer de concert le triomphe légitime des idées modernes. Cette mission domine pour elles toutes les autres. On a dit si souvent que la paix du monde reposait sur leur alliance, que chaque coup porté à l'une atteint irrésistiblement l'autre. La nécessité de cette alliance est si évidente à tous les esprits, que l'organe le plus imposant de l'opinion en Angleterre dit aujourd'hui encore (1) «que toute solution, quelle qu'elle fût, de la question d'O-
» rient qui serait effectuée par la sincère coopération de la France et de l'Angle-
» terre, serait certainement plus satisfaisante, et, dans tous les cas, présenterait
» plus de sécurité qu'aucune autre qui n'aurait que la sanction d'une des deux
» puissances pour la protéger contre l'hostilité de l'autre. »

Aussi serait-ce pour nous l'objet d'un éternel regret, si la paix achetée au prix de tant d'efforts et l'union qui en est la plus solide garantie, devaient être toutes les deux compromises « pour satisfaire une vanité individuelle. » Mais hâtons-nous d'exprimer le ferme espoir qui nous reste encore. Oui, nous croyons que la paix sera conservée; nous croyons que l'alliance sera maintenue, parce que, pour la maintenir, c'est sur l'Angleterre elle-même que nous comptons. Ce serait véritablement trop présumer de notre crédulité que vouloir nous persuader que lord Palmerston représente l'Angleterre quand il ne représente pas même le ministère. Tant qu'une discussion solennelle n'aura pas eu lieu dans le Parlement, tant que la *compression du dehors* ne se sera pas prononcée, nous nous permettrons encore « de douter que l'Angleterre veuille se lancer avec son mi-
» nistre dans les plus folles aventures, et jouer le rôle d'écuyer à la suite de ce
» fougueux chevalier. Il suffit de considérer l'état de l'opinion publique dans les
» deux pays. En France, cette opinion est unanime; toutes les querelles de
» parti ont disparu devant la question nationale; » pour ce qui nous regarde, quelles que soient nos affections et nos répugnances, nous les sacrifions ou les ajournons sans balancer. « En Angleterre, en est-il de même? » Les organes du parti qui presque chaque semaine met le ministère en crise, n'ont pas assez de réprobation pour la coupable outrecuidance qui veut mettre le feu à l'Europe, pas assez de sarcasmes pour le présomptueux *dandy* qui veut réformer la carte du globe en faisant abstraction de la France, « et jouer le drame d'*Hamlet* en
» retranchant le personnage d'Hamlet. »

Cette unanimité que nous cherchons vainement dans le pays est aussi introuvable dans le ministère. Si nous sommes bien informés, une grande partie du conseil s'est prononcée contre la résolution du ministre des affaires étrangères. Les chances terribles qu'engendrerait cette résolution n'ont pu échapper à l'esprit net et distingué de lord Clarendon, à l'expérience vénérée et au sage libéralisme de lord Holland, à la calme raison du marquis de Lansdown. Le chef du cabinet lui-même, dont nous reconnaissons l'incontestable loyauté de caractère, aurait, dit-on, manifesté l'opposition la plus énergique. Bien que lord John Russel ait paru s'associer dans le Parlement aux sentimens de lord Palmerston, nous le croyons cependant trop préoccupé de la situation intérieure de son pays, trop pénétré de la gravité de la crise coloniale, pour imaginer qu'il veuille risquer légèrement une rupture désastreuse.

Et toutes ces considérations auraient cédé à la menace de lord Palmerston de donner sa démission! En vérité, nous ne savons comment s'y est pris lord Palmerston pour persuader à un gouvernement raisonnable que sa présence y était indispensable; nous ne savons pas par quelle fascination il a pu amener ses collègues à partager ce culte et cette adoration exclusive qu'il professe pour son propre mérite; mais autant nous aurions de peine à comprendre que l'Angleterre sacrifiât le repos du monde à la nécessité problématique de conserver son ministère, autant nous en avons à concevoir que le ministère risque de sacrifier le pouvoir au désir inexplicable de conserver lord Palmerston. Encore une fois, nous espérons que le ministère anglais n'a pas assez calculé l'émotion que sa résolution produirait en France; nous espérons fermement qu'il comprendra que la question est trop grave pour en faire une question réservée (*open question*); que la partie sage et politique du cabinet ramènera l'autre à des déterminations plus saines; « et que personne ne se méprendra à la modération que nous voulons garder. »

Il y a quinze ans, deux ans après l'occupation de l'Espagne par les armées

---

(1) Tous les passages guillemetés sont ceux sur lesquels nous appelons plus spécialement l'attention des hommes politiques qui liront cette brochure.

françaises, un ministre de la Grande-Bretagne, justifiant sa neutralité, disait en parlant de son pays, avec un langage plein de poésie : « Je ne puis que redouter
» la guerre quand je pense au pouvoir immense de ce pays. Je sais qu'il verra
» se ranger sous ses bannières, pour prendre part à la lutte, tous les mécontens
» et tous les esprits inquiets du siècle, tous les hommes qui, justement ou in-
» justement, ne sont pas satisfaits de la condition actuelle de leur patrie. L'idée
» d'une pareille situation excite toutes mes craintes, car elle montre qu'il existe
» un pouvoir entre nos mains, plus terrible peut-être qu'on n'en vit jamais en
» action dans l'histoire de la race humaine. Mais s'il est bon d'avoir une force
» gigantesque, il peut y avoir de la tyrannie à en user comme un géant. La con-
» science de posséder cette force fait notre sécurité, et notre affaire est de ne
» point chercher d'occasions de la déployer, excepté partiellement, et d'une ma-
» nière suffisante pour faire sentir qu'il est de l'intérêt des exagérés des deux
» côtés de se garder de convertir leur arbitre en compétiteur. La situation de
» notre pays peut être comparée à celle du maître des vents, telle que l'a dé-
» crite le poète : »

celsâ sedet Æolus arce,
Sceptra tenens mollitque animos et temperat iras.

Si ces brillantes paroles étaient de nous et pour nous, que ne dirait-on pas de la vanité française ! Et pourtant, sans orgueil comme sans crainte, nous pouvons les emprunter à M. Canning. Au moment où éclata le grand événement dont nous célébrons aujourd'hui le dixième anniversaire, nous aussi, si nous l'avions voulu, nous aurions vu se ranger sous notre bannière tous les esprits inquiets du siècle; « tous les mécontens de la terre avaient les yeux fixés sur
» nous, et n'attendaient que notre signal. » Mais de tristes souvenirs pesaient sur notre passé révolutionnaire; nous avions à réhabiliter notre histoire, à prou-ver que nous savions enfanter l'ordre comme la licence, la paix comme la gloire ; nous avions à purifier notre liberté pour l'offrir sans tache à l'Europe rassurée. Nous savions cependant que, pour calmer le flot qui menaçait de nous déborder nous-mêmes, il suffisait de lui ouvrir l'espace ; « nous savions que ces passions
» démagogiques avec lesquelles nous acceptions noblement la lutte, se transfor-
» meraient en passions nationales et s'épureraient en traversant la frontière. » Mais nous n'avons pas pensé que nous eussions le droit d'acheter notre repos au prix du repos de l'Europe, et « nous avons déposé la plus puissante des armes françaises, la propagande. » Qui oserait dire que ce fût là de la faiblesse ? Nous avons généreusement refoulé sur nous-mêmes la flamme qui aurait pu embraser l'Europe; on sait à quel prix. Mais ces pénibles batailles qui ont désolé nos cités, pourquoi les avons-nous livrées, sinon pour les principes éternels de la justice et de la morale? pour qui, sinon pour vous, « pour vous qui prétendez aujour-
» d'hui compter sans nous. Nous ne voulons mettre dans notre langage ni jac-
» tance, ni menaces; » nous aussi, nous puisons notre sécurité dans la con-science de notre force, et notre modération dans la crainte d'abuser de cette force. « Voilà, disait M. Canning, voilà la raison inverse de la crainte, contraire « à l'impuissance, qui me fait appréhender le retour de la guerre. Si cette raison
» était sentie par ceux qui agissent d'après des principes opposés avant que le
» temps d'user de notre pouvoir arrive, cela ferait beaucoup, et je m'armerais
» long-temps de patience; je souffrirais presque tout ce qui ne toucherait pas à
» notre foi et à notre honneur national, plutôt que de déchaîner les furies de la
» guerre dont le fouet est entre nos mains, lorsque nous ne savons sur qui tom-
» berait leur rage, et que nous ignorons où s'arrêterait la dévastation. »

PARIS, 30 JUILLET.

Nous avons dit que nous ne ferions pas un sujet de polémique contre le minis-tère de la question du traité de Londres. A plus forte raison n'en ferons-nous pas une querelle de journal. Nous permettons aux journaux de la gauche et de M. Thiers, si cela entre dans leurs misérables calculs, de nous injurier tant qu'il leur plaira. Nous ne répondrons que par un silence dont tout le monde comprendra la signification. Dans des circonstances si graves l'esprit de parti doit se taire. Occupons-nous des affaires de la France.

Un journal ministériel annonce que les mesures suivantes ont été arrêtées par le gouvernement :

Tous les hommes qui restent sur les classes de 1836 et 1837, et toute la classe de 1839 vont être incessamment appelés sous les armes.

On s'occupe de remonter la cavalerie et d'atteler l'artillerie.

Notre flotte sera augmentée, et le commandement en sera remis à M. l'amiral Duperré, qui aura sous ses ordres les contre-amiraux Lalande, Hugon et La Susse.

Des dispositions sont prises pour la prompte construction et l'armement des bateaux à vapeur votés par les Chambres. Nos fabriques recevront un grand outillage pour fournir des machines du plus fort échantillon. Au besoin on s'adresserait aux fabricans belges.

« Ce ne sont là encore que des mesures de précaution. S'il devenait nécessaire » d'aller plus loin et de mettre la France sur le pied complet de guerre, les » Chambres seraient immédiatement convoquées. »

Nous commençons par approuver sans réserve la promptitude et la fermeté des résolutions du gouvernement; non pas que nous croyions à la guerre. Malgré le traité signé à Londres, malgré l'accord apparent des quatre puissances, malgré la trop évidente mauvaise volonté de lord Palmerston, qui pense apparemment honorer son ministère en le signalant par la rupture de l'alliance de la France et de l'Angleterre, toutes les probabilités sont encore en faveur du maintien de la paix.

« Mais il importe avant tout, et pour le maintien même de la paix peut-être, » qu'on sache bien une chose : c'est que la France ne reculera pas. Nous le di» sons sans prendre des airs de matamore qui conviennent mal à la vraie fermeté, » sans nous faire illusion sur les dangers d'une guerre dans laquelle la France » serait seule à soutenir la liberté de l'Europe ; nous le disons de sang-froid et » avec une profonde conviction : la France ne peut pas reculer. Elle ne le peut » pas, parce que ce serait se laisser mettre au rang des puissances de second or» dre. Ce mot dit tout. Oui, si la France restait spectatrice impassible de l'exécu» tion d'un traité qui, sous prétexte de conserver l'intégrité de l'empire ottoman, » entraîne fatalement la dissolution de cet empire et son partage ; si elle pouvait » souffrir qu'on la mît hors de la question d'Orient, au lieu de cinq grandes » puissances il n'y en aurait plus que quatre en Europe. L'habitude serait prise » de traiter sans nous et de se passer de notre consentement pour arranger les » affaires du monde. Supposez que le traité de Londres eût été signé à Paris » entre la France et la Russie, au lieu de l'être entre la Russie et l'Agleterre ; » l'Angléterre supporterait-elle cet affront ? Se laisserait-elle réduire à la neutra» lité ? Ne risquerait-elle pas toute sa puissance et jusqu'à son dernier vaisseau » plutôt que de permettre qu'une flotte française et une armée russe se chargeas» sent sans elle de maintenir l'intégrité de l'empire ottoman, en mettant garnison » à Alexandrie et à Constantinople ?

» Ce que l'Angleterre ne supporterait pas, devons-nous donc le supporter ? La » France ne cherche pas la guerre, mais elle l'acceptera, si terrible qu'elle puisse » être, avec toutes ses conséquences, plutôt que de se laisser rayer du nombre » des puissances avec lesquelles on compte. Jamais cause n'aura été plus légi» time que la nôtre. »

Car, après tout, que voulons-nous ? Le maintien de ce qui est. Nous ne demandons, pour le pacha d'Egypte, que ce que la victoire lui a donné, et ce n'est pas la France qui a poussé le sultan Mahmoud à déclarer si imprudemment la guerre à un vassal dont le génie et la puissance sont encore l'appui le plus solide et les derniers étais de l'empire ottoman. Nous avons été fidèles jusqu'au scrupule à toutes les conditions de l'alliance anglaise ; et aujourd'hui que cette alliance semble prête à se rompre, est-ce nous qui nous isolons de l'Angleterre et qui l'abandonnons à ses propres forces ? Est-ce nous qui signons mystérieusement des traités avec la Russie ? Est-ce notre ambition ou notre vanité qui compromet le repos des peuples et l'équilibre de l'Europe ? Est-ce notre connivence qui rouvre aux soldats russes le chemin de Constantinople ? Est-ce notre politique ou celle de lord Palmerston qui fait tout à coup pencher la balance en faveur de la Russie, contenue jusqu'ici dans ses desseins ambitieux par l'attitude de la France et de l'Angleterre ?

» La France ne peut donc pas reculer, nous le répétons ; et pour qu'on sache » bien que sa décision est irrévocable, il est nécessaire qu'elle se prépare immé» diatement à la guerre. Le gouvernement arme ; il a raison. »

Nous répétons que toutes les probabilités sont pourtant encore en faveur de la paix. Oui ; car la politique de lord Palmerston est tellement contraire à la loyauté, aux engagemens pris, aux intérêts les plus évidens de l'Angleterre, qu'il ne nous paraît pas possible qu'un pays éclairé se laisse entraîner par le caprice d'un ministre dans des voies aussi funestes. Dans les courtes discussions qui ont eu lieu au Parlement, l'intégrité de l'empire ottoman est le grand mot dont lord Palmerston a couvert son inconcevable politique. On signe un traité avec la Russie, et savez-vous pourquoi ? Pour empêcher les Russes d'arriver à Constantinople.

Ce traité, qui l'a proposé? C'est la Russie elle-même. Ainsi, la Russie négocierait avec ardeur depuis un an, la Russie aurait envoyé M. Brunow à Londres avec un premier traité, puis avec un second, dans quel but? Dans le but de se fermer à elle-même le chemin de Constantinople! L'univers entier ne sait pas sans doute que depuis plus d'un siècle la Russie, avec une infatigable persévérance, démolit pièce à pièce l'empire turc et convoite Constantinople, ou bien on croira que lord Palmerston a été assez habile pour tromper un gouvernement aussi clairvoyant que celui de Saint-Pétersbourg! L'intérêt de la Russie est clair dans ce fatal traité de Londres : c'est, d'une part, d'avancer la chute définitive de l'empire ottoman en écrasant la puissance qui, sous le génie d'un grand homme, s'est élevée en Egypte. C'est, de l'autre, de détacher l'Angleterre de la France, et de rompre une alliance qui depuis dix ans tient en respect l'ambition et l'avidité des successeurs de Pierre Ier et de Catherine II. Nous avons donc eu raison de le dire, et tout le monde le voit : Le traité de Londres n'est pas autre chose que la remise faite aux Russes par lord Palmerston des clefs de Constantinople. C'est un traité de partage déguisé; c'est la fin de ce *statu quo* que depuis dix ans l'Angleterre et la France ont réussi à maintenir.

Eh bien! ce traité de partage, l'Angleterre l'acceptera-t-elle? Consentira-t-elle que la Russie, sa rivale partout en Orient, établisse à Constantinople le siège de son empire? Lui cédera-t-elle les Dardanelles et la mer Noire? Renoncera-t-elle, en un mot, aux plus vieilles et aux plus sages traditions de sa politique, de peur de forcer un aussi grand ministre que lord Palmerston à donner sa démission? C'est ce qui nous paraît impossible à croire. Une formidable opposition éclate déjà dans les journaux et se prépare dans le Parlement; les collègues mêmes de lord Palmerston, dont le tort est peut-être d'avoir cédé, par trop de complaisance, à la morgue présomptueuse du ministre des affaires étrangères, reviendront à une répugnance que ce traité leur a toujours inspirée. Rien n'est fait, tant que lord Palmerston n'a pas pour lui le Parlement et l'opinion publique. La nation anglaise est une nation sage, calme, parfaitement éclairée sur la politique qu'il lui convient de suivre. Elle ne voudra pas, nous en sommes convaincus, trahir cette civilisation qui fait sa gloire, en favorisant les gigantesques projets de domination de la Russie. La France, s'il le faut, défendra seule l'indépendance de l'Europe; pour cette cause, qui est celle de la civilisation contre la barbarie, de la liberté contre le despotisme, nous épuiserons jusqu'à la dernière goutte de notre sang; l'Angleterre, dont la puissance est la création merveilleuse des arts, de l'industrie et de la liberté, si elle se sépare de nous, si elle s'unit à la Russie, en sera immédiatement punie; dans une pareille alliance, il n'y a pas d'égalité possible; l'Angleterre n'aura jamais que le second rang. Nous savons ce que coûte la guerre; l'Angleterre le sait aussi. Ses finances, écrasées sous le poids d'une dette énorme, ne supporteraient pas long-temps les frais d'une nouvelle coalition contre la France. En un mot, l'alliance des deux nations est la garantie de la paix et de la liberté de l'Europe, le seul rempart contre lequel échouera toujours l'ambition de la Russie. Tous les hommes d'Etat de l'Angleterre l'ont proclamé à haute voix depuis dix ans; le traité de Londres leur donne un démenti sanglant. C'est un affront pour la loyauté de l'Angleterre plus encore que pour nous. Heureusement la signature de lord Palmerston n'engage jusqu'à présent que lui-même; l'Angleterre n'a pas signé.

« Il y a trop d'intérêts communs entre les deux pays pour qu'il dépende de la folie d'un ministre de briser une alliance qui est dans la nature des choses. Nous avons la confiance que le traité de Londres ne renversera que le ministère de lord Palmerston. En tout cas, la France est prête. Qu'on ne s'y trompe pas. »

Au moment où les affaires d'Orient prennent une tournure si menaçante, il y va de l'honneur de chaque cabinet de montrer au monde qu'il n'a rien fait pour provoquer le terrible fléau de la guerre. C'est un devoir qu'il est facile à la France de remplir; car elle ne s'est pas contentée d'exécuter scrupuleusement les traités, de conjurer les difficultés ; mais ses soldats, sa flotte, ses trésors, son influence morale, elle a tout employé jusqu'ici, avec une infatigable générosité, à contenir les passions et les intrigues, à soutenir ceux qui étaient trop faibles pour se faire rendre justice par leurs propres moyens, à encourager tous les efforts qui promettaient de rendre un peu de vie et de stabilité à tous ces pays décrépits et ruinés de l'Orient. La France n'a pas songé seulement à n'avoir tort avec personne ; mais dans son désintéressement comme dans sa sagesse, elle n'a cessé de favoriser tous les élémens d'ordre, de puissance et de liberté pour tous qui se sont manifestés sur les bords de la Méditerranée. Il n'y a que les états bien ordonnés et capables de se faire respecter par eux-mêmes qui puissent conserver au monde le bénéfice de la paix, et la France a voulu qu'il y eût des gouvernemens forts sur les rives du Bosphore comme sur les bords du Nil, comme dans les montagnes de la Grèce ; c'est là le but qu'a poursuivi sa haute et impartiale politique, c'est là le but qu'elle osera poursuivre au besoin par les armes ; car elle sait que hors de là il n'y a pour l'Europe et pour l'univers qu'un avenir de querelles, de dissensions et de guerres sans fin.

Qu'on prenne un à un tous les événemens, qu'on suive toutes les crises qui, depuis quelques années, ont intéressé la politique européenne en Orient, et qu'on voie si jamais la France a failli à son noble dessein ; qu'on nous montre une autre puissance qui ait autant fait pour la paix générale, pour la satisfaction de tous les intérêts et de tous les droits !

Lorsqu'après six longues années d'une guerre épouvantable il devint évident pour tous que le gouvernement turc, affaibli par ses vices intérieurs non moins que par les efforts incessans d'une puissance autre que la France assurément, était désormais incapable de réduire l'insurrection grecque ; lorsque la conscience des peuples européens s'émut au spectacle de tant de scènes de carnage et de barbarie, lorsque l'opiniâtreté invincible des Grecs eut fait un peuple de ces esclaves soulevés, que fit la France ? D'accord avec les grandes puissances de l'Europe, elle intervint dans la lutte, aux acclamations de l'univers chrétien, et inaugura dignement le pavillon de sa marine renaissante dans l'une des plus belles victoires qu'on ait jamais remportées, car le prix de la bataille, ce n'était pas le gain d'une vaine gloire, mais l'affranchissement et la conservation d'un peuple long-temps opprimé. Si depuis on a déploré en d'autres pays le résultat de la bataille de Navarin, la France du moins ne s'est jamais associée à de tels repentirs ; sa conduite, toujours simple et loyale, ne lui a jamais permis de regretter sa générosité de 1827 ; loin de là, elle a continué avec persévérance et presque seule la tâche qu'elle avait entreprise concurremment avec l'Angleterre et la Russie.

La bataille de Navarin n'avait pas suffi à l'émancipation de la Grèce, et Ibrahim portait le fer et la flamme dans la Morée. Il triomphait peut-être, lorsqu'une expédition française débarqua dans la rade de Navarin, et le chassa du pays. Toutefois, ce n'était point encore assez ; après avoir repoussé l'ennemi, il fallait conserver l'ordre dans cette malheureuse contrée, au milieu de cette population réduite à la plus affreuse misère, démoralisée par les excès d'une guerre impitoyable, déshabituée de tous les travaux utiles, et qui ne connaissait plus depuis long-temps d'autre vie que celle du maraudeur. Les Français restèrent pendant six ans dans le pays ; et sans prétendre, en retour de leurs services, à aucune prépondérance dans le gouvernement qui appartenait de fait aux envoyés des trois grandes puissances, ils relevèrent les villes, fondèrent presque tout ce qui existe encore aujourd'hui d'établissemens publics, percèrent des routes, créèrent des arsenaux et un matériel de guerre, et maintinrent l'ordre en se conformant purement et simplement à toutes les injonctions de la conférence de Londres. Que l'influence russe ou anglaise prédominât dans tel ou tel instant, c'était ce dont ils semblaient peu s'inquiéter : ce qui leur importait avant tout, c'était la fondation d'un gouvernement régulier.

Quand le roi Othon vint prendre possession de sa couronne, on lui remit un pays où son autorité était reconnue sans conteste, où l'administration et l'armée étaient organisées à peu près régulièrement. Les Français avaient versé leur sang pour l'émancipation à Navarin et au château de Morée ; pour la cause du gouvernement à Argos, ils avaient dépensé 40 millions, et ne demandaient rien en retour de si grands services. Bien plus, ils se portaient caution d'une nouvelle somme de 20 millions dans l'emprunt qui devait servir à l'intronisation de la royauté grecque. Jusqu'ici, le gouvernement français est le seul qui paie de sa bourse les intérêts échus des deux séries livrées au roi Othon ; l'Angleterre et la Russie ne paient les intérêts dont elles sont garans que par des à-comptes à valoir sur la troisième série.

Depuis, le roi Othon a cru devoir écouter d'autres conseils que ceux de la France ; il a vu successivement son trône menacé par d'incessantes conspirations, et son gouvernement chassé du Maïda et des montagnes qui forment la partie septentrionale de son royaume. Bien des noms ont été prononcés dans toutes ces intrigues, et il nous serait facile de les repéter, en montrant qu'on n'a pas toujours eu tort d'accuser telle ou telle puissance ; mais le jour des récriminations n'est pas encore venu.

A l'égard de la Turquie la conduite de la France n'a été ni moins franche, ni moins loyale. Combien d'officiers et d'hommes distingués n'a-t-elle pas mis au service de l'empire ottoman? Ses écoles de tout genre, les rangs de ses armées de terre et de mer, n'a-t-elle pas tout ouvert aux élèves qui ont été confiés à ses soins? Pleine de respect pour la prérogative impériale, quand a-t-elle cherché à lui dicter des lois? Qu'a-t-elle refusé au sultan de ce qui pouvait consolider son gouvernement, faciliter l'action de sa politique intérieure ou extérieure? Des priviléges commerciaux consacrés par d'anciens traités, prix d'une longue et sincère amitié, n'ont-ils pas été sacrifiés aussitôt que le divan de Constantinople et la diplomatie anglaise en ont demandé l'abandon dans l'intérêt de l'empire ottoman? De tous les mauvais conseils qui ont été donnés au sultan Mahmoud, et Dieu sait que malheureusement ils ne lui ont pas manqué, en est-il un seul que l'on puisse attribuer à la France? Et ce n'est pas seulement d'une manière négative que la France a servi la Turquie, et à Constantinople la paix du monde. Lorsqu'Ibrahim marchait, en 1833, au milieu des populations soulevées, sur la capitale de l'empire, qui eut assez de puissance pour faire tomber les armes des mains du vainqueur? Qui détermina deux fois le divan à révoquer l'appel qu'il avait fait aux Russes? et qui serait parvenu, s'il eût convenablement appuyé, à prévenir le fatal traité d'Unkhiar-Skelessi? Qui? l'ambassadeur de France! Mais pendant qu'il combattait lui seul pour les intérêts de l'Europe, lord Ponsonby donnait et recevait des fêtes sous le beau ciel de Naples! Et cependant n'est-ce pas la France alors qui servit de médiatrice unique à la paix de Kutayah? Plus tard, quand le sultan Mahmoud, cédant à de funestes inspirations, dont la source est aujourd'hui bien connue, envoya détruire son armée à Nézib, n'est-ce pas la France encore qui arrêta pour la seconde fois la marche d'Ibrahim, et sauva Constantinople d'une révolution? On put voir alors combien on avait eu tort de ne pas écouter nos avis, et le sort de l'empire sembla remis entre nos mains par le vainqueur et le vaincu. Mais le but de la France n'a jamais été de dominer d'une manière exclusive, car elle sait que toute influence absolue de l'une des puissances de l'Europe sur ces malheureux pays ne peut produire que les plus graves embarras, et elle invita les autres puissances à se réunir pour résoudre d'un commun accord les difficultés pendantes. La tentative ne fut pas heureuse, mais au moins elle a dû prouver à l'Europe la franchise et la sincérité de la politique française en Orient. Quelle puissance a toujours exposé sa conduite d'une manière plus ouverte? quelle puissance a donné de meilleurs conseils au divan, et lui a rendu de plus réels services?

On ne nous accuse pas d'avoir nui à Méhémet-Ali : loin de là; on nous reproche le développement de sa puissance. S'il est de l'intérêt général de l'Europe que de véritables états se fondent et s'établissent sur les bords de la Méditerranée, le reproche est au moins étrange, et on ne pourrait lui donner quelque semblant de justesse qu'en montrant que la France a été d'une partialité aveugle en faveur du vice-roi. Mais en est-il ainsi? Et d'abord Méhémet-Ali n'est certainement pas la créature de la France, et il établit son autorité sur l'Egypte à une époque où certainement nous ne nous occupions guère de ce qui se passait sur les bords du Nil. Ce n'est sans doute pas la France non plus qui chassa par sa main les Anglais de l'Egypte en 1807. Il y avait vingt-cinq ans que Méhémet-Ali jouissait d'un pouvoir incontesté, quand il entra pour la première fois dans la sphère de la politique française ; mais alors il se présentait à nous comme l'oppresseur de la Grèce, et nous lui brûlâmes sans pitié sa flotte à Navarin, et nous contraignîmes Ibrahim, l'épée sur la gorge, de repasser la mer. Et plus tard, quand nous l'eûmes forcé deux fois d'attendre qu'on l'attaquât avant de lui permettre de repousser la force par la force, nous lui avons, et nous seuls, imposé deux fois de s'arrêter après la victoire. Etrange partialité! mais qui nous fait aujourd'hui un devoir rigoureux de lui conserver ce que nous avons permis à sa modération de recueillir. Qu'avons-nous donc fait pour Méhémet-Ali que nous n'ayons pas fait pour les autres? Ou plutôt envers quel prince de l'Orient nous sommes-nous montrés aussi exigeans qu'envers Méhémet-Ali?

La politique de la France, et la seule qu'on puisse avouer quand on a quelque souci de la paix du monde, c'est celle qui veut en Orient le maintien de ce qui est, et le développement au sein de ce qui est de toutes les forces vitales des gouvernemens et de toutes les ressources des peuples. Quelle puissance s'est montrée dans la poursuite de ce noble dessein animée d'un esprit plus conciliant et plus impartial que la France? Quelle puissance a plus généreusement dépensé son sang et ses trésors, a fait à tous une plus large part dans son bon vouloir et sa justice?

PARIS, 1er AOUT.

ORDONNANCES DU ROI.

LOUIS-PHILIPPE, ROI DES FRANÇAIS,

A tous présens et à venir, salut.

Vu la loi du 8 mai 1837, qui a autorisé la levée de 80,000 hommes sur la classe de 1836.

Vu notre ordonnance en date du 13 mars 1838, par laquelle 10,000 hommes ont déjà été appelés à l'activité sur la seconde portion de ladite classe;

Vu nos ordonnances des 3 avril et 22 juin 1840, par lesquelles les contingens des classes de 1838 et 1837 ont également été mis en activité en totalité;

Sur le rapport de notre ministre secrétaire d'Etat de la guerre,

Nous avons ordonné et ordonnons ce qui suit :

Art. 1er. Les jeunes soldats qui sont encore disponibles sur la seconde portion du contingent de la classe de 1836 sont appelés à l'activité.

Art. 2. Notre ministre secrétaire d'état de la guerre est chargé de l'exécution de la présente ordonnance.

Au palais des Tuileries, le 29 juillet 1840.

LOUIS-PHILIPPE.

Par le Roi :

Le ministre secrétaire d'état de la guerre,

CUBIÈRES.

LOUIS-PHILIPPE, ROI DE FRANÇAIS,

A tous présens et à venir, salut.

Vu la loi du 19 avril 1840, qui a fixé à 80,000 hommes le contingent de la classe de 1839;

Vu l'art. 4 de la loi précitée qui autorise la levée de ces 80,000 hommes;

Vu notre ordonnance, en date du 16 mai 1840, d'après laquelle les listes du contingent de ladite classe doivent être closes le 9 août prochain;

Sur le rapport de notre ministre secrétaire d'État de la guerre,

Nous avons ordonné et ordonnons ce qui suit:

Art. 1er. Tous les jeunes soldats disponibles de la classe de 1839 sont appelés à l'activité, à partir du 9 août 1840.

Art. 2. Notre ministre secrétaire d'Etat de la guerre est chargé de l'exécution de la présente ordonnance.

Au palais des Tuileries, le 29 juillet 1840.

LOUIS-PHILIPPE.

Par le Roi :

Le ministre secrétaire d'État de la guerre,

CUBIÈRES.

Les trois ordonnances royales que vient de publier *le Moniteur*, ont pour but d'ajouter à l'effectif de notre marine 10,000 matelots, 5 vaisseaux, 13 frégates et 9 bateaux à vapeur; et d'augmenter l'effectif de l'armée d'environ 150,000 hommes pris sur les classes de 1836 et de 1839.

Ces mesures sont bonnes et dictées par une sage politique; c'est une démonstration ferme et prudente tout à la fois, et nous n'hésitons pas à donner au gouvernement une complète approbation.

Les négociations et les événemens ultérieurs peuvent seuls donner à cette politique sa véritable signification. Aujourd'hui la France obéit aux plus impérieuses prescriptions du point d'honneur, au plus légitime sentiment de conservation. Quel que soit l'avenir de l'étrange système de quadruple alliance essayé par la vanité de lord Palmerston, « qu'il soit ou ne soit pas ratifié, qu'il soit ou » ne soit pas exécuté, le gouvernement français devait une énergique réponse à » ce traité de Londres qui lui apparaît avec tous les caractères d'une provoca- » tion. Le maintien de la paix dépend encore de la sagesse du Parlement anglais, » et de la prudence traditionnelle du cabinet de Vienne; c'est dire que la paix a » beaucoup plus de chances que la guerre. Mais en attendant le jour des expli- » cations, il y a une menace contre la France; c'est le traité de Londres. » Car il semble détruire l'alliance de la France et de l'Angleterre, sur laquelle repose depuis dix ans la tranquillité de l'Europe; car il médite la destruction d'un allié que les événemens, la force des choses, les intérêts de notre commerce et les progrès la civilisation nous ont donné en Orient. Il est un non sens politique, car il fait trois dupes, y compris l'Angleterre, au profit de la Russie qui est appelée à prendre la part du lion; car il veut détruire un empire qui s'est élevé tout seul pour restaurer un empire qui tombe sous l'appui de ses protecteurs. Il y a une puissance indépendante en Orient, c'est l'Egypte; le traité de Londres conspire sa ruine ; il y a un souverain qui n'a d'autres protecteurs que son génie et son courage ; le traité de Londres veut le détrôner et mettre à sa place un souverain gouverné par la Russie. Ce traité est déloyal ; car il exclut des affaires d'Orient la France, c'est-à-dire le seul gouvernement dont la politique soit intéressée à la conservation de l'Empire ottoman ; car il est un traité de protectorat, et en diplomatie « protectorat signifie partage. »

Si la politique de lord Palmerton est encore un problème à résoudre, la tentative de ce ministre n'en est pas moins un évènement grave ; et quand nous avons approuvé les mesures de précaution adoptées par le cabinet, « nous l'avons fait » avec cette conviction, qu'il n'y a pas en France de ministres possibles qui » n'eussent montré la même susceptibilité. »

PARIS, 3 AOUT.

Le Moniteur publie ce matin une seconde dépêche télégraphique qui confirmerait la nouvelle contenue dans la dépêche datée de Marseille que nous avons publiée. Voici cette seconde dépêche :

Le Consul de France à M. le Président du Conseil.

Marseille, 1ᵉʳ août, à huit heures et demie du soir.

Malte, le 28 juillet.

« *L'Alecto*, partie le 21 de Beyrouth et le 23 d'Alexandrie, est arrivée à » Malte le 28 au matin : le capitaine annonce que l'insurrection est terminée en » Syrie.

» A Constantinople, on a découvert une conspiration à la tête de laquelle était » l'ex-grand-visir Chosrew-Pacha, qui a été arrêté et exilé. »

Deux dépêches transmises par le télégraphe de Marseille ont annoncé, hier et aujourd'hui, la pacification de la Syrie. Ces deux dépêches ne sont, il est vrai, que les deux versions d'une seule et même nouvelle ; elles ont la même date, et sont puisées à la même source. Elles viennent de Malte, où cette nouvelle a été apportée par un paquebot anglais. Il y a sur ces détails certitude assez complète. Cela suffit-il pour donner aux faits énoncés un caractère d'authenticité ? Assurément non ; mais la nouvelle a une origine certaine et non suspecte ; elle ne contredit en rien ce que l'on savait déjà des événemens de Syrie ; elle est vraisemblable, et il faut ajouter que tout le monde a intérêt à ce qu'elle soit vraie.

La pacifiation de la Syrie serait un événement grave en lui-même ; il pourrait être, par ses conséquences, un événement heureux. En apparence, il ne changerait rien aux principes sur lesquels repose la négociation des affaires d'Orient ; nous l'admettons volontiers. « Avant et après l'insurrection, Méhémet-Ali est tou- » jours le légitime maître de la Syrie ; » il l'est par la victoire dans un pays où le fatalisme est encore la loi suprême ; par la supériorité de son génie, de ses armes, de son administration ; il l'est par la solennelle investiture que lui en avait donnée le sultan Mahmoud ; il a pour lui le fait et le droit ; il a quelque chose de plus, il a pour garans l'honneur et la loyauté de la France, qui, par deux fois, en 1833 et en 1839, s'est interposée seule entre la Turquie et l'Egypte, a préservé Constantinople d'une double invasion, et épargné à l'Europe une guerre générale. Aussi, soit dit en passant, l'exclusion de la France des affaires d'Orient est peut-être la plus grande contradiction que renferme le traité de Londres. Depuis dix ans, les conventions entre la Porte et l'Egypte ont été conclues sur la parole des représentans de la France ; par l'une et par l'autre, cette parole a été acceptée librement, volontairement, avec résignation, mais avec confiance ; mais c'est aujourd'hui la France seule qu'on exclut d'un traité où se règlent les destinées de la Turquie et de l'Egypte !

Nous admettons encore que la pacification de la Syrie ne changerait rien à la politique et aux projets du cabinet de Saint-Pétersbourg. Avant et après l'insurrection, la Russie se considère également comme le protecteur nécessaire, loyal, désintéressé du jeune sultan ; et aux yeux de lord Palmerston, Méhémet-Ali est toujours le possesseur de l'Egypte et des trois routes de l'Inde. Quant à la Prusse et à l'Autriche, leur position semble parfaitement identique. On peut dire qu'elles ont, après la victoire de Méhémet-Ali, tout aussi peu d'intérêt qu'elles n'en auraient eu avant au démembrement de la Turquie ; tout aussi peu d'intérêt à montrer pour quelques mois à l'Europe le fantôme de l'ancienne alliance continentale. En un mot, rien n'est changé par le triomphe de Méhémet-Ali , si l'on s'en tient aux apparences et aux rigoureux principes sur lesquels est fondé le traité de Londres.

Rien n'est changé en Europe, cela est vrai ; mais quelque chose est changé en Orient, et c'est beaucoup. Si l'insurrection de Syrie n'était pas la cause efficiente du traité de Londres, elle en a été au moins le prétexte. En diplomatie, ces deux mots sont souvent synonymes. Dans les événemens de ce monde, chaque gouvernement a toujours sa cause qui, bien entendu, est la meilleure possible; mais cela ne suffit pas. Aux plus grands desseins il faut un moment propice, sans quoi tout est ajourné ; et le grand mérite de la diplomatie, c'est précisément d'ajourner les péripéties. La diplomatie ne modifie guère les passions, mais elle éloigne le dénoûment. Elle a un autre mérite : elle tient compte des faits accomplis, et il -faut rendre cette justice à la diplomatie européenne, que depuis long-temps tout fait qui se produit librement, spontanément, a toujours été accepté par elle comme un droit.

Si l'on examine avec attention l'histoire des négociations sur les affaires d'Orient, on verra que la pacification de la Syrie peut avoir cet avantage, de remettre les choses au même point où elles étaient avant la signature du traité Brunow, et qu'elle offre par cela même à toutes les puissances intéressées un moyen facile, honorable, d'éloigner toute solution violente, de concilier toutes les prétentions, sans blesser aucune susceptibilité, et de rendre à la paix toutes les chances qu'on a offertes à la guerre. Dieu nous garde d'essayer le rôle de prophètes ! Nous n'examinons les résultats d'un événement encore problématique qu'avec la juste défiance que doivent inspirer les plus logiques présomptions; mais ce qu'il ne nous est pas permis de regarder comme une certitude, il doit nous être permis de le souhaiter et de le dire.

Il s'est écoulé treize mois depuis la bataille de Nézib. Pendant ce laps de temps, le gouvernement français n'a pas ignoré quels étaient les projets de lord Palmerston, les prétentions de la Russie et les dispositions des deux autres puissances; mais une transaction était toujours possible. La France négociait ; elle obtenait délais sur délais : ajourner la question, c'était la résoudre dans un sens favorable à l'honneur et aux intérêts de la France ; c'était un succès obtenu par l'habileté et la fermeté du général Sébastiani, continué par l'habileté et la fermeté de M. Guizot. Il y a huit mois que le traité Brunow a été proposé à Londres , on le savait; mais au commencement de juillet, ce traité n'était guère plus avancé que le premier jour. Comment s'expliquer ce brusque revirement contre la politique française, cette signature précipitée d'une convention qui se traînait complaisamment à travers tous les délais de la diplomatie, ce coup de théâtre qui ressemble presque à un guet-apens? Eh bien ! il n'y a qu'une explication possible, parce qu'elle est la seule vraie. Lord Ponsonby aura à se justifier devant l'histoire d'une participation plus ou moins directe à l'insurrection de Syrie; mais quel que soit le jugement de l'histoire, il n'en demeurera pas moins évident que lord Palmerston a saisi avec empressement cette occasion de résoudre une question de droit qu'il espérait voir résolue par les faits avant la signification du traité. La politique anglaise s'est toujours effrayée de la puissance de Méhémet-Ali, elle s'en exagère probablement les conséquences. Toutefois, on n'admettra pas que le peuple anglais, qui a du bon sens et un zèle éclairé pour ses intérêts, se plaise à faire surgir aujourd'hui en Europe une effroyable crise dans la prévision de lointaines éventualités. Lord Palmerston ne s'est cru capable d'emporter la question d'assaut que le jour où il a espéré qu'elle était déjà résolue en Orient. « Aux yeux de tous les hommes impartiaux, et quelles qu'en puissent être les » conséquences, le traité de Londres n'aura jamais d'autre cause que l'insurrec- » tion de Syrie. On a dépouillé le pacha par un traité ; on lui a signifié des dé- » lais rigoureux; on a inventé contre lui tout un nouvel attirail de procédure » politique, le jour, et ce jour-là seulement où on l'a vu aux prises avec une » insurrection, et où l'on a compté que les montagnards du Liban se charge- » raient de l'exécution. » Oui, on aura beau le nier, la pensée d'exécution à main armée, la pensée d'envoyer une armée russe dans l'Asie-Mineure, au risque d'en voir une autre à Constantinople, n'est pas la pensée intime du traité, du moins en ce qui touche l'Angleterre ; cela n'est pas, parce que cela ne peut pas être, parce qu'il n'y a pas de ministre anglais qui voulût accepter la responsabilité d'un tel événement et qui fût décidé à jouer son pouvoir et quelque chose de plus contre l'immense ressentiment de la nation anglaise. Cette pensée d'exécution n'est pas dans le traité, car l'Angleterre n'est pas même prête à profiter des éventualités que son ministre semble appeler avec tant d'ardeur, car il n'y a qu'une seule puissance en mesure d'agir, et cette puissance est la Russie.

Ce que demandent aujourd'hui les partisans sincères de la paix, c'est qu'on ne fausse pas la situation , c'est qu'on la prenne comme on l'a faite, c'est qu'on tienne compte des événemens qu'on n'avait pas prévus ; c'est que, par une vanité mal entendue, on ne se raidisse pas contre les faits accomplis.

Depuis le traité de Londres , la politique européenne est en état de crise ; car les plus sérieux dangers de ce traité sont tous dans la rupture de l'alliance qui

— 13 —

unit la France et l’Angleterre. Le traité de Londres, ce n’est pas une déclaration de guerre ; ce n’est pas la guerre inévitable aujourd’hui, demain ; mais c’est le signal d’une défiance universelle; c’est l’anarchie diplomatique qui succède à l’ordre; c’est l’Europe courant les aventures; c’est la tranquillité universelle risquée au moindre choc.

Nul ne doit se le dissimuler, : unie avec l’Angleterre, la France tient une puissante garantie de la paix du continent. Elle peut tourner son activité vers les pacifiques conquêtes de la civilisation ; cette garantie est réciproque. L’union de la France et de l’Angleterre, c’est la paix du monde établie, certaine, à l’abri de toute perturbation.

« Mais l’isolement est pour la France une menace qui lui impose l’obligation
» d’être prête pour toutes les éventualités, d’être prête tous les jours et à toute
» heure. C’est pour elle un devoir impérieux, irrésistible; c’est un de ces actes
» qui ne se discutent pas ; c’est une de ces démonstrations qui répondent au
» plus noble, au plus généreux sentiment des peuples, à ce sentiment qui en-
» traîne les plus grands esprits et les plus fiers courages, à l’instinct national.
» Les ministres français s’honorent à juste titre de leur conduite dans ces der-
» niers jours. Ils ont fait leur devoir, ils ont fait ce que devaient faire des hom-
» mes qui gouvernent la France. Il n’y a dans les mesures du gouvernement ni
» démonstration menaçante, ni vaine fanfaronade; il y a un sentiment vrai, pro-
» fond, énergique de la situation. C’est la politique de l’isolement dans toute
» sa franchise et ses impérieuses conséquences. » Nous sommes convaincus que l’on n’avait pas sérieusement médité sur ces conséquences, et que le gouvernement anglais n’a songé ni à les appeler ni à les braver.

La question posée par le traité de Londres, ce n’est pas de savoir quelle étendue de territoire on concédera au pacha d’Égypte, et quels moyens on pourrait employer pour le réduire; c’est un plus grand et plus solennel debat qui s’agite; c’est la question de savoir si la France aura un allié en Europe, ou si elle doit ne plus compter que sur elle-même, et ne rien attendre que de ses ressources et de son courage. Cette question, c’est aux lumières des hommes d’état de l’Angleterre, à la sagesse du parlement, au bon sens du pays, de la résoudre aujourd’hui. La France doit se rendre, et chacun doit lui rendre cette justice, qu’il n’aura pas dépendu d’elle d’empêcher que la tranquillité de l’Europe ne soit livrée à toutes les chances du hasard et de l’imprévu.

Paris, 4 aout.

La pacification de la Syrie est désormais un fait certain. Cette nouvelle, dont nous avons fait entrevoir hier toute la portée, doit simplifier l’état des choses en Orient, et permet plus que jamais aux esprits impartiaux d’espérer une solution convenable pour tous aux questions qui agitent si vivement le monde politique.

Une question bien posée est facile à résoudre. Or, il nous semble qu’en dégageant la question qui menace d’embraser aujourd’hui l’Europe de tous les détails et incidens dont les passions cherchent à l’embarrasser, et la considérant dans sa plus grande simplicité, on arrive à une conclusion forcée que les diverses puissances doivent nécessairement appliquer, si leurs intentions réelles ne sont pas en contradiction secrète avec leur langage officiel.

Et d’abord, un point sur lequel tout le monde, en apparence du moins, est d’accord, c’est qu’il faut avant tout et par-dessus tout conserver la paix de l’Orient, d’où dépend la paix européenne ; c’est qu’au moment où l’Europe se sent entraînée par un penchant irrésistible à s’immiscer de plus en plus dans les affaires de l’Asie et à nouer avec ce continent des relations qui doivent si grandement profiter à la cause de la civilisation sur toute la terre, il est du plus haut intérêt de voir des gouvernemens forts et réguliers s’établir dans tous ces pays ruinés par une longue anarchie; car, seuls, ils peuvent garantir à l’Europe la sécurité dont elle a besoin pour le développement normal de ses intérêts pacifiques.

C’est le but que les puissances donnent unanimement à leurs efforts, c’est sur les moyens seulement qu’elles diffèrent. Dans le grand travail de réédification dont elles semblent toutes occupées, fera-t-on rentrer la Syrie sous la domination du Sultan de Constantinople, ou la laissera-t-on dans les mains victorieuses du Pacha d’Egypte? Là est toute la question, selon le dire officiel de la diplomatie.

Fera-t-on rentrer la Syrie sous la domination du Sultan? Mais qu’est-ce que la domination du Sultan en Syrie? Conquise au commencement du seizième siècle par le sultan Selim sur les mamelucks, cette province, vers la fin du même siècle, s’insurgea contre le gouvernement turc avec le célèbre émir Fakr-

Eddin, et depuis lors elle n'a cessé, à travers les malheurs d'une épouvantable anarchie qui n'a fait qu'augmenter jusqu'à nos jours, d'être une proie que d'ambitieux pachas se sont disputée entre eux, plus souvent encore qu'ils n'ont eu besoin de la disputer à la suzeraineté problématique du Grand-Seigneur. Et au-dessous des pachas, combien de cheiks, de chefs de bande ou de tribus qui parvenaient à se maintenir dans un état d'indépendance réelle, pillant et saccageant le pays! Deux longs siècles de faiblesse et d'impuissanse honteuse, est-ce là ce qu'on appelle le gouvernement des sultans? sont-ce là les titres qu'on peut revendiquer en leur nom? En vérité, l'autorité du Grand-Seigneur sur la Syrie ne ressemble-t-elle pas un peu à celle qu'y exercent certains souverains de l'Europe qui n'ont pas cessé d'ajouter à leurs titres celui de rois de Chypre et de Jérusalem!

Un axiome, qui semble être un non-sens à force de simplicité triviale, c'est que pour avoir qualité de gouvernement, il faut d'abord gouverner. Or, quand Ibrahim Pacha s'avança en Syrie pour vider sa querelle avec Abdallah Pacha, quelles autorités turques rencontra-t-il dans le pays pour protester au nom du Sultan? En quel lieu, en quelle ville eut-il affaire à elles? Bien plus, ce fut seulement six mois après le commencement de la guerre que Mahmoud avisa de réclamer ses droits sur la Syrie, et quand il voulut les faire valoir par la force, troupes et matériel il dut tout tirer de l'Asie Mineure, car il ne possédait ni un homme ni une épée dans cette province, qu'on dit être sienne. On sait ce qui en advint. Depuis lors, la Syrie a été soumise à une unité administrative qu'elle n'avait pas connue depuis des siècles, à un système de gouvernement qu'on pourrait accuser non de faiblesse, mais au contraire d'un excès d'énergie, si la cruelle exigence des événemens ne venait pas l'excuser au moins en partie. C'est celui qui a pu dompter cette province renommée dans tout l'Orient pour sa turbulence, qu'on viendrait aujourd'hui dépouiller au nom de droits qu'on n'a pas pu exercer depuis des siècles. Serait-ce là de la justice et de l'équité? Et à la manière dont l'Angleterre a coutume d'agir envers les princes de l'Asie, et la Russie envers les princes du Caucase, de la Géorgie, de la Mingrélie, etc.; à la manière dont la Russie, la Prusse et l'Autriche en ont usé envers la malheureuse Pologne, les puissances oseront-elles revendiquer les droits chimériques du sultan, ne craindront-elles pas qu'on ne soupçonne une autre but à leurs réclamations?

Si le droit de Méhémet-Ali sur la Syrie est difficilement contestable, d'un autre côté la politique commande aussi de résoudre la question en sa faveur.

Le but des puissances européennes, en intervenant dans les affaires de l'Orient, est, dit-on, d'y aider à la formation de puissances réelles et de gouvernemens réguliers. On n'espère pas, sans doute, rétablir les finances de la Porte en reconquérant la Syrie pour son compte? Divisée en quatre pachalicks, cette province, quand les pachas voulaient bien acquitter le tribut, ne produisait presque rien au trésor impérial. Le pachalick de Tripoli rapportait un million de piastres, ou 250,000 fr.; celui d'Alep, 3 millions de piastres, ou 750,000 fr.; celui d'Acre à peu près autant, et celui de Damas ne rapportait rien. Les recettes y suffisaient à peine aux dépenses, et le faible excédant qu'on en retirait était consacré aux frais de la caravane des pélerins que le Pacha devait conduire chaque année au tombeau du prophète. Sous le rapport militaire, l'adjonction de la Syrie aux autres États de la Porte serait d'un résultat à peu près nul. Cette province n'a jamais fourni d'hommes aux armées turques, et c'est tout au plus si l'impitoyable administration de Méhémet-Ali a pu y faire quelques levées d'hommes. D'ailleurs, que pourrait fournir une population qui n'excède pas beaucoup onze cent mille âmes, sur lesquelles encore il faut retrancher deux cent mille individus non-musulmans et comme tels exclus du service militaire. En portant la frontière turque jusque sur le lac de Tibériade ou même jusque sur la mer Morte, que gagnera-t-on? On en donnera la garde à une population issue de cent races diverses, que leurs intérêts et leurs passions opposés ont toujours transformées en instrumens d'intrigues et de révolte? Ensuite est-ce une frontière, cette longue chaîne du Liban, habitée par les chrétiens et les Druzes, et que prennent à revers la mer et le désert? La véritable frontière entre les deux États c'est le Taurus, qui peut seul leur donner à tous les deux la sécurité.

D'un autre côté, en laissant à Méhémet-Ali la possession de cette Syrie que lui seul a su gouverner, et qu'il vient de pacifier encore une fois en dépit de ses ennemis, doit-on craindre qu'il ne devienne trop redoutable au Sultan? Sans doute, si l'empire ottoman doit rester ce que nous le voyons être aujourd'hui, un vain fantôme qu'évoquent et qu'agitent à leur gré les puissances européennes. Mais alors, pour lui être redoutable, Méhémet-Ali n'a pas besoin de la Syrie, et son armée égyptienne lui suffit, comme nous l'avons déjà vu deux fois, pour faire trembler le Sultan jusque dans sa capitale. Si, au contraire, grâce à cette générosité et à ce tendre intérêt dont les puissances font si éclatante profession à l'égard de la Turquie, on parvient à rendre la vigueur à ce corps énervé, que pourra-t-il jamais craindre, même sans l'appui de l'Europe, du vice-roi et de ses trois millions de sujets?

Si donc les puissances n'ont, comme nous aimons encore à le supposer, d'autre intention que de conserver le droit et de consolider l'édifice chancelant des Etats asiatiques, « la Syrie reste et doit rester à Méhémet-Ali » le vassal, comme il a toujours déclaré qu'il voulait l'être, de l'Empire ottoman. Hors de là il n'y a pour les cabinets que sujets de défiance, causes incessantes de division, de troubles et de guerre; et la France, « en s'opposant même par la force à tout » ce qui pourrait être tenté contre cette solution nécessaire, est non-seulement » dans son droit, mais dans la limite la plus rigoureuse des devoirs » qu'elle s'est imposés pour asseoir sur des bases durables la paix du monde, ce bien précieux qui, nous l'espérons encore, ne nous sera pas ravi.

PARIS, 5 AOUT.

La Bourse de Londres du 2 a été extraordinairement agitée. La nouvelle des ordonnances publiées par *le Moniteur* a d'abord occasionné une baisse de fonds; d'autres nouvelles, qui ont ensuite annoncé que les fonds de Paris s'étaient maintenus, ont ramené la hausse, et des fluctuations considérables ont eu lieu ainsi jusqu'à la clôture.

La presse anglaise a pris, depuis ces dernières nouvelles, un degré d'amertume et d'aigreur qu'elle n'avait pas encore atteint. Répondre sur le même ton, ce serait chose trop facile et prolonger indéfiniment un genre de polémique qui nous paraît indigne d'écrivains qui se respectent et respectent leur pays. Nous ne pouvons néanmoins laisser passer sans réponse un argument auquel on paraît en Angleterre attacher une importance qui nous semble peu justifiée.

Le *Morning-Chronicle*, et avec lui presque toutes les feuilles anglaises, veulent assimiler la question actuelle à celle de l'intervention française en Espagne en 1823, et le traité de Londres, où la France n'est point partie contractante, au congrès de Véronne d'où l'Angleterre s'était également retirée. Ces deux positions ne se rapprochent que par leurs oppositions. Nous n'intervenions en Espagne que pour préserver la paix de l'Europe, comme aujourd'hui nous refusons d'intervenir en Syrie pour le même motif. Nous intervenions pour maintenir le *statu quo*, et aujourd'hui c'est pour le maintenir encore que nous refusons d'intervenir. M. de Montmorency, dans les communications qui furent faites aux représentans des quatre puissances à Vérone, le 10 octobre 1822, disait : « Le gou- » vernement du Roi a déjà fait des sacrifices au désir sincère d'éviter une rup- » ture qui lui imposerait la douloureuse obligation de rallumer le flambeau de » la guerre et de troubler la tranquillité si chèrement achetée par tous les Etats » de l'Europe... Mais un foyer révolutionnaire, établi si près de lui, peut lancer » sur son propre sol et celui de l'Europe de fatales étincelles, et menacer le » le monde d'un embrâsement nouveau. »

Cette question d'ailleurs affectait la France de deux manières. L'Europe n'intervenait qu'au nom d'un principe : la France intervenait à la fois pour maintenir le principe de son gouvernement, et pour préserver la paix intérieure directement menacée par la révolution espagnole. « L'effet inévitable de tant de » désordres, disait la note de la Prusse (22 novembre 1822), se fait surtout sen- » tir dans l'altération des rapports entre la France et l'Espagne. L'irritation qui » en résulte est de nature à donner les plus fortes alarmes pour la paix des deux » royaumes. » C'est là que la France puisait son incontestable droit d'intervention. La révolution espagnole attaquait directement l'ordre établi en France : elle avait aussi produit la révolution de Naples, et quand l'Autriche intervint, sir Robert Peel déclara dans le Parlement que cette mesure était « commandée par la » nécessité, et conséquemment parfaitement juste pour garantir ses propres Etats » d'un danger réel. »

A la rigueur donc, la Russie, l'Autriche et la Prusse seraient encore conséquentes si elles prétendaient intervenir aujourd'hui en Orient au nom d'un principe. Personne ne doute que la Russie ne soit profondément dévouée à la légitimité ottomane, et qu'elle ne soit animée dans toute cette question du plus merveilleux désintéressement. Quant à la Prusse, quant à l'Autriche surtout, c'est à elle de voir si, pour défendre l'intégrité d'un empire décrépit, elles veulent compromettre la paix du monde.

Mais l'Angleterre, au nom de quel principe voudrait-elle intervenir? Est-ce au nom de celui qui lui faisait désavouer toute intervention en Espagne? Voici ce que disait en 1822 le duc de Wellington, lorsqu'il refusa de signer les procès-verbaux des 20 octobre et 17 novembre et qu'il fit connaître les raisons de ce refus :

« Le gouvernement de S. M. B., disait le représentant anglais, est de l'opinion
» que censurer les affaires intérieures d'un Etat indépendant, à moins que ces
» affaires n'affectent les intérêts essentiels des sujets de S. M., est incompatible
» avec les principes d'après lesquels S. M. a invariablement agi dans toutes les
» questions relatives aux affaires intérieures des autres pays. »

Or, en quoi les affaires intérieures de l'empire ottoman affectent-elles les intérêts essentiels de S. M. B. ? C'est du moins ce que répète sans cesse la presse anglaise. Si donc le gouvernement anglais veut intervenir et contrôler les affaires intérieures d'un Etat indépendant, il le fait contrairement à sa politique invariable ; si, au contraire, ses intérêts essentiels sont affectés, que ne le dit-il franchement ; pourquoi couvre-t-il, sous l'apparence d'une protection désintéressée, sa préoccupation des routes de l'Inde?

De plus, quand nous intervenions en Espagne, l'Europe savait, à n'en pas douter, que les pays qu'occuperaient les armées françaises seraient fidèlement remis entre les mains de leurs possesseurs légitimes ; elle savait qu'il n'y avait de notre part aucune arrière-pensée d'occupation ; aujourd'hui en est-il de même pour l'Orient? Parce qu'à cette époque l'Angleterre voulut s'isoler, en fut-elle moins grande, en fut-elle moins forte, en fut-elle moins l'Angleterre? Non, sans doute ; car la guerre que nous faisions maintenait l'équilibre européen. Mais le jour où nous verrions la Russie à Constantinople et l'Angleterre à Alexandrie, ce jour-là l'équilibre est rompu ; « et si nous devions rester spectateurs, nous abdique-
» rions, nous ne serions plus la France, nous tomberions au rang des nations de
» second ordre. Et que l'on ne vienne pas dire qu'il ne s'agit pas de Constanti-
» nople et d'Alexandrie, mais de la Syrie. On sait bien que ni la France ni l'Eu-
» rope n'entreraient en guerre, si la Syrie était seule en cause. »

Le *Times*, qui a rompu aujourd'hui sa silencieuse réserve, dans un article écrit avec autant de mesure que de talent, dit que toutes ces querelles que soulèvent des Etats à demi-barbares ne valent pas une goutte de sang chrétien. Nous serions de l'avis du *Times*, si tout devait se borner à une querelle de tyran à tyran. Mais qui ne voit que c'est l'Occident, et non l'Orient qui est en jeu. Nous sommes de très-grandes puissances, cela est certain ; nous nous le disons si souvent, que nous devons le savoir de reste ; mais toutes grandes puissances que nous sommes, et tout pacha barbare qu'est Méhémet-Ali, il n'en est pas moins vrai qu'il tient dans le pli de sa robe la paix ou la guerre de l'Europe. Il peut être l'étincelle d'un immense incendie ; nous le respectons pour ce qu'il est, res-
pectez-le pour ce qu'il peut produire. « Le *Times*, d'une manière modérée, mais
» franche, se rallie à son gouvernement ; ceci ne nous étonne ni ne nous blesse ;
» nous avons les premiers donné l'exemple de l'abnégation des partis devant une
» question commune, et c'est un sentiment que nous ne pouvons qu'honorer
» chez nos adversaires. » Nous avons mis de la vivacité dans l'expression de nos griefs ; le *Times* met plus de calme dans l'expression de son opinion ; « mais il
» ne parle pas au nom d'une nation qui se croit blessée dans sa dignité et dans
» son honneur. »

PARIS, 14 AOUT.

Le nom de la France n'est point prononcé dans la partie la plus importante du discours de la Reine d'Angleterre : tout le monde l'y verra, parce qu'il n'y est pas. Il serait puéril de nous plaindre de cette omission ; nous savons qu'on n'efface pas la France de la carte aussi aisément que d'un discours du trône. Ne fût-ce que malgré nous, nous tenons de la place dans le monde. « et il nous est
» impossible de nous dérober à notre propre importance ! » Si l'Angleterre croit que l'heure est venue de se séparer de la nation avec laquelle elle a marché depuis dix ans, nous pourrons en concevoir des regrets, mais il ne nous sied pas de les exprimer. « C'est à ceux qui, au sein de l'Angleterre elle-même, ré-
» prouvent cette conduite et en prévoient les conséquences, à faire justice du
» langage ou du silence de leur gouvernement. »

Le discours dont la Reine a donné lecture n'a point causé une satisfaction unanime. Le journal le plus influent de l'Angleterre, le *Times*, dit aujourd'hui assez nettement que les assurances de lord Palmerston auraient eu plus de force et de courtoisie si elles eussent été placées dans une bouche auguste. Nous rendons pleine justice aux intentions du journal anglais, comme à la gravité et à la modération de son langage ; mais cette courtoisie des expressions, à laquelle nous serons toujours disposés à répondre, ne peut que nous faire regretter davantage la nécessité d'être en désaccord sur les faits.

Vous avouez que depuis dix ans toute la politique de la Russie ne tend qu'à dissoudre l'alliance qui la tient en échec en Europe comme en Turquie ; et vous protestez de votre désir de maintenir cette alliance au moment où vous voulez résoudre, sans nous et malgré nous, une question sur laquelle la France et l'Angleterre ont toujours été étroitement unies, et rompre le *statu quo* dont l'Angleterre comme la France est créatrice et solidaire, et que nous ne demandons qu'à maintenir comme notre œuvre commune. Il y a sept ans, quand Ibrahim, après la bataille de Koniah, marchait sur Constantinople, l'intervention de la France et de l'Angleterre l'arrêta et empêcha des plus grandes perturbations dans la constitution du monde : les Russes repassèrent la frontière turque, emportant avec eux pour dépouilles opimes le traité qui, à leur première réquisition, fermait les Dardanelles à tout l'occident. L'équilibre reprit sa marche un moment interrompue, jusqu'au jour où le noble et infortuné Mahmoud, poussé et entraîné par des intrigues qui sont assez connues, tenta une dernière fois le sort, et put mourir avant d'avoir vu son armée disparaître et ses vaisseaux l'abandonner. Après Nezib comme après Koniah, Ibrahim avançait sur Constantinople : il fut encore arrêté par un envoyé de la France, c'est-à-dire par un représentant de l'alliance occidentale, et les Russes ne descendirent pas. Ainsi, à chaque nouvelle crise, c'est la France et l'Angleterre qui conjurent le danger, et par leurs forces réunies relèvent ce rocher qui retombe éternellement comme celui de la fable.

Vous dites que les profondes divisions d'intérêts et de principes qui vous séparent de la Russie sont pour nous une garantie que, bien que d'accord avec elle sur une question particulière, vous serez nécessairement en collision dès que vous irez au delà. Vous croyez que vous arrêterez à votre gré les événemens, et que vous les renfermerez dans un cercle infranchissable : c'est une méprise qui pourra vous être plus funeste qu'à nous ; « il n'y a point là de question » particulière, il y a une question que ni vous ni nous, que personne au monde » n'empêchera de devenir générale, et qui nous entraînera tous. »

Vous dites que dans les conséquences ultérieures auxquelles peut mener cette convention, non seulement vous ne serez pas en opposition avec la France, mais vous serez en entière communauté d'intérêts avec elle. Mais voilà pourquoi la conduite de votre gouvernement nous semble un démenti donné à toutes vos traditions politiques ; et si nous refusons de nous associer à ce revirement inexplicable, c'est parce que ces conséquences, qui vous paraissent problématiques et lointaines, sont à nos yeux imminentes et inévitables ; c'est parce que cette convention, qui prétend maintenir l'intégrité de l'Empire ottoman, ouvre les portes de sa capitale à sa plus irréconciliable ennemie.

Car les Russes y viendront, sachez-le bien. Ils y viendront, parce que le Pacha ne cédera pas, « parce qu'il est impossible qu'il cède. » Comment ! quand l'empire turc avait à sa tête un homme dans la force de l'âge, d'un courage implacable, d'une volonté inflexible, un homme que le Pacha lui-même craignait et respectait malgré lui, quand le Sultan Mahmoud vivait encore, vous laissiez au Pacha la Syrie que vous voulez lui arracher aujourd'hui ! Mais que s'est-il donc passé ? La Turquie a-t-elle vengé Homs et Koniah ? Est-ce l'armée égyptienne qui est captive dans le Bosphore ? La Porte a-t-elle enfin reconquis ses provinces, et le droit de dicter à son vassal des conditions humiliantes ? Vous savez bien que non. Et vous voulez que ce glorieux vieillard qui a fait capituler le Sultan Mahmoud, recule devant ce chétif et débile Augustule, dont il se sent le tuteur plus que le vassal ; qui ne vit que par lui et pour ainsi dire à son ombre ! Vous prétendez lui faire entendre que plus il est fort, plus il doit céder ; que plus il a gagné, plus il faut qu'il perde ; que plus il a avancé, plus il faut qu'il recule. Vous prétendez que lui, l'homme de l'Orient et des idées fatalistes, il reproche au Destin de l'avoir fait heureux, et qu'il se laisse punir de ses propres succès. Et vous voulez qu'il comprenne quelque chose à ces étranges paradoxes qu'on lui envoie de l'autre bout de l'europe ! Vous n'y songez pas, ou vous êtes aveugles. Il ne cédera pas, car il a pour lui le droit, il a pour lui le fait, la possession, la prescription. Il a pour lui son grand âge, qui lui fera jouer sans regret et sans hésitation le dernier acte de sa vie aventureuse. Son empire n'appartient qu'à lui, il l'a créé, il l'a maintenu, il l'entraînera, s'il le faut, dans sa chûte. Il n'a rien reçu de ses ancêtres, et ne doit rien à ses descendans ; il aimera mieux tomber que déchoir, et mourir pauvre comme il est né, que renoncer au prix de soixante années de luttes.

Par une inconcevable erreur, vous déplacez la question et vous la transportez

de Constantinople dans la Syrie. Ainsi, ce n'est plus la Syrie qui est une province de l'empire Turc, c'est Constantinople, le Bosphore, les Dardanelles, qui sont des dépendances de la Syrie. Vous ne voulez pas voir le Pacha en Syrie; mais vous voulez bien voir la Russie à Constantinople! Etrange façon de maintenir l'intégrité de l'empire ottoman! Qu'est la Syrie pour le Sultan? rien, rien qu'un fardeau, un membre inutile qu'il n'a la force ni de garder pour lui-même ni de défendre contre les autres. Qu'est-elle pour le Pacha? tout; car il l'a conquise et l'a organisée n'importe comment, et il la regarde comme son œuvre. Et au fond, songez-y donc : Qu'est la Syrie pour vous, pour nous, pour le Sultan, pour le Pacha lui-même, pour le monde enfin! Qu'importe à vous et à nous qu'elle se révolte éternellement contre le suzerain ou contre le vassal; qu'elle soit, sous le Sultan, livrée sans protection et sans force au brigandage et à l'impunité, ou qu'elle soit, sous le Pacha, opprimée peut-être, mais disciplinée et purgée du pillage. Pour vous comme pour nous, qu'est-ce que Damas, Alep, etc., quand il s'agit de Constantinople! Notre alliance, comme vous le disiez encore il y a quelques jours, a des conséquences bien autrement importantes que celles que peuvent soulever les institutions décrépites et les puissances à demi barbares de l'Orient.

Ne vous y trompez pas : c'est de Constantinople qu'il s'agit; revenez là , car c'est là qu'est pour vous la vie ou la mort. Pour vous, disons-nous ; car vous y êtes mille fois plus intéressés que nous. Est-ce nous qui sommes, dans l'Orient, en rivalité et en contiguité avec vous? Qui donc soudoie et soulève la Perse pour la retourner toute armée contre vous et la lancer sur vos Indes? Qui entretient des prétendans à votre principauté? Qui travaille sourdement vos peuplades indigènes? Qui excite la Chine? Qui s'avance au-devant de vous par le grand plateau de l'Asie? La Russie, encore la Russie, et toujours la Russie! Quelque part que vous vous tourniez dans ce monde oriental, d'où vous vient votre force avec votre richesse, partout vous rencontrez devant vous cette patiente, silencieuse, inévitable et éternelle barrière. Et c'est vous qui allez prendre la Russie par la main pour lui ouvrir Constantinople! L'histoire ne voudrait pas le croire : l'Angleterre voudrait-elle le faire?

Du reste, voici déjà long-temps que de part et d'autre nous tournons dans le même cercle d'argumens. A cette heure, « les raisonnemens doivent être épuisés, » les convictions doivent être faites. » Le discours de la Reine d'Angleterre, comme nous l'avons dit, ne change rien à la situation : des engagemens ont été pris ; s'ils doivent « se convertir en actes, la responsabilité de leurs conséquences, » immédiates ou ultérieures, ne pèsera pas sur nous. »

PARIS, 18 AOUT.

Qu'on ne s'étonne pas, si nous revenons encore une fois sur le traité de Londres. La loyauté, le bon droit et le désintéressement sont si évidemment du côté de la France dans cette affaire, que nous ne saurions trop faire comprendre à l'Europe l'impossibilité où l'on voudrait nous mettre de reculer sur cette question. La presse anglaise, qui commente à loisir depuis quelques jours la conduite et les prétentions de la France, ne paraît s'expliquer son attitude énergique que par deux causes qui s'éloignent également de la vérité : une susceptibilité exagérée ou d'ambitieux projets. Elle pense, et l'un de ses organes les plus accrédités l'exprimait encore hier, qu'en s'attribuant le protectorat de l'Égypte la France, indépendamment des vues ultérieures qu'elle peut nourrir sur ce pays, veut exercer dans la méditerrannée une suprématie absolue dont la protection qu'elle accorde à l'Égypte ne serait que le prétexte ou le moyen. Quant à la « susceptibilité de la France, elle est très réelle et très justifiée, ce nous sem« ble, par la conduite dégagée de son alliée l'Angleterre.» En ce qui concerne les projets ambitieux, nous n'avons qu'un mot à dire, c'est que le reproche est au moins singulier dans la bouche de deux puissances comme l'Angleterre et la Russie. Est-il nécessaire d'ajouter que toutes les raisons qui pourraient rendre la possession de l'Égypte ou de la Syrie si précieuse pour l'Angleterre, n'existent pas pour nous, qui n'avons point de colonies dans les Indes, et dont les affaires avec le continent asiatique sont peu considérables. Cependant, de ce que personne en France ne songe sérieusement à la conquête de l'Égypte, faudrait-il en induire que la France n'a dans la question d'Orient qu'un intérêt d'amour-propre national, et qu'en lui donnant, de quelque manière, satisfaction sur ce point, il serait possible de le reléguer dans une neutralité tout-à-fait désintéressée ? Évidemment non ; la question pour la France n'est si petite ni si grande qu'on veut la faire. La France veut le *statu quo*. Pourquoi ? Parce que c'est le « seul moyen de maintenir l'équilibre européen, qui chancelle aujourd'hui sur

« sa base.» Elle protége Méhémet-Ali, non pas comme la Russie protége le
Sultan, mais loyalement et sans arrière-pensée, et avec le sincère désir de voir
sa puissance se consolider, parce que Méhémet-Ali puissant serait le plus sûr
boulevard de Constantinople ; parce que l'affermissement de son Empire est la
seule chance qui reste ouverte en faveur du maintien et de l'intégrité de l'Empire ottoman, dont tout le monde parle et dont personne ne veut, si ce n'est la
France. « Mais supposons pour un moment que les prétentions de Méhémet-Ali
« soient aussi déraisonnables qu'elles sont légitimes ; supposons que la Syrie,
« arrachée au Pacha, puisse rentrer sous la main défaillante du Sultan, nous
« dirons encore que le jour où l'Europe, cédant à des suggestions qui n'osent
« pas s'avouer au grand jour, croirait devoir porter le coup mortel à la seule
« portion de l'Empire ottoman qui ait chance de vivre et de se conserver, et
« qui puisse servir de point d'appui à la régénération de la Turquie, ce jour-là la
« France serait réduite à aborder une autre politique. Anéantir Méhémet-Ali, ce
« serait de la part de l'Angleterre et de la Russie inaugurer en Europe une politi-
« que de partage, et, dans ce cas, la France, pour ne pas déchoir du haut
« rang qu'elle occupe dans le monde, pourrait bien songer à se ménager des
« compensations qui lui permissent de tenir tête à ses rivaux agrandis et for-
« tifiés par le partage.» Alors, mais alors seulement, la France « pourrait se
« souvenir et des traités de 1815 et de sa frontière mutilée, et de ses colonies
« perdues, et de l'autorité que lui donnerait dans le monde la modération qu'à
« conservée dix ans sa révolution triomphante.»

Mais aujourd'hui la France rève si peu de guerres et de conquêtes, que non
seulement elle a su contenir et réprimer chez elle l'esprit de propagande qui
menaçait l'Europe, mais qu'en Orient elle n'a pas cessé depuis sept ans, pour
maintenir la paix, de se faire l'adversaire personnel de toutes les ambitions. C'est
elle qui a arrêté Ibrahim à Koniah, et qui a rendu la présence des Russes inutile à Constantinople ; c'est elle qui, l'an passé, luttait pour la paix contre les perfides suggestions de lord Ponsonby : c'est elle qui cherchait à désabuser le Sultan des folles espérances qu'on cherchait à lui faire concevoir ; c'est elle qui,
après la bataille de Nézib, arrêtait une seconde fois Ibrahim au pied du Taurus,
et aujourd'hui c'est encore parce qu'elle veut la paix, qu'elle s'oppose à une intervention qui ne serait qu'un partage déguisé. Qu'on cesse donc de nous parler
des projets ambitieux de la France ; sa conduite tout entière n'est-elle pas le
plus éclatant démenti qu'elle puisse donner à une pareille supposition ? Quant
à la suprématie dans la méditerranée, la France entend sans doute y tenir le
rang qui lui appartient ; mais la France n'a jamais réclamé pour elle-même de
droit exclusifs, de priviléges tyranniques, elle veut la liberté des mers. La France
veut la paix, parce qu'après avoir fait ses preuves de force et de courage, elle a
compris tout le parti qu'elle peut tirer de l'activité pacifique ; mais si jusqu'ici
elle s'est toujours montrée désintéressée, c'est à la condition que la loyauté qu'elle
s'est imposée sera la loi de toutes les puissances.

PARIS, 20 AOUT.

« Pourquoi le traité de Londres a-t-il causé en France cette vive émotion dont
» les journaux anglais paraissent encore tout surpris ? Est-ce la question d'Orient
» toute seule qui a éveillé si soudainement les susceptibilités nationales ? Non.
Quelque grave que soit cette question en elle-même, il aurait fallu plus de temps
» pour que les masses en sentissent l'importance. On peut se passionner dans les
» salons politiques pour le Pacha d'Égypte, pour son génie, pour sa puissance ;
» le peuple n'en est pas encore là. Que le Pacha d'Égypte ait la Syrie ou ne l'ait
» pas, qu'il l'ait héréditairement ou viagèrement, c'est ce qui n'intéresse qu'un
» petit nombre d'esprits prévoyans. Combien y a-t-il de gens qui sachent ce que
» c'est que l'équilibre européen, en quoi il consiste, quelle atteinte y porterait
» l'établissement des Russes sur le Bosphore ou des Anglais à Alexandrie ? En
» disant cela, nous n'entendons pas le moins du monde faire bon marché de la
» question spéciale sur laquelle le traité de Londres semble porter. La question
» d'Orient est vitale pour la France. Quand elle ne le serait pas pour sa puis-
» sance matérielle, elle l'est pour sa considération, pour son influence, pour son
» honneur. La France assistant l'arme au bras au partage de l'Orient, aurait beau
» affecter un air d'indifférence et de désintéressement ; elle aurait beau dire aux
» puissances : « Vous avez choisi votre moment, j'attendrai le mien. Je vous
» laisse faire ; mais je vous blâme et je proteste ! » de ce jour, la France aurait
» fait le premier pas dans cette fatale carrière de décadence qui mène les états
» par l'abaissement de leur puissance morale à leur chûte. Sans perdre un
» pouce de terrain, un empire peut descendre du premier rang au second, du

» second au troisième. Ce ne sont pas des vaisseaux dans les ports, des soldats
» dans les casernes, de l'argent dans le Trésor, c'est le cœur, c'est la volonté
» d'agir qui soutient les États à leur rang. Non, il n'est pas permis à une puis-
» sance comme la France, quand une question de cet ordre s'agite dans le
» monde, de s'abstenir d'y prendre part en disant : « Cela ne me regarde pas » ;
» ou bien, « Je verrai une autre fois ! »

Le traité de Londres, « quand il ne serait que ce qu'il semble être, » un arrangement des affaires d'Orient convenu entre les quatre puissances, à l'exclusion de la France, « aurait donc suffi pour imposer au gouvernement le devoir, »
et pour lui donner le droit d'armer et de se préparer à tout. Mais nous n'hésitons pas à le dire : dans la chaleur avec laquelle le pays tout entier s'est prononcé d'une seule voix contre ce traité, dans la commotion subite et extraordinaire que les masses elles-mêmes en ont ressenti, « il y a eu autre chose que le
» sentiment des dangers éloignés que notre influence pouvait courir sur les bords
» du Nil ou à Constantinople. » Ce qui a frappé tous les yeux, ce n'est pas
» même l'éventualité d'un partage de l'Orient, résultat possible et condition secrète peut-être du traité de Londres ; c'est sur le Rhin que l'attention publique
s'est immédiatement reportée. Oui, dans cette subite défection de l'Angleterre,
dans cette alliance imprévue du seul pays sur lequel nous croyions pouvoir
compter, avec les puissances du Nord, « à tort ou à raison, la France a vu le
» germe d'une nouvelle coalition ; elle a pensé qu'on en voulait à sa grandeur, à
» sa liberté, à sa révolution. Elle a senti que, pour prix de sa modération, on ne
» lui jetait pas sans dessein une insulte, un défi, et qu'en l'isolant pour ainsi
» dire dans le monde, c'était elle qu'on commençait par bloquer, ses principes,
» ses institutions, son esprit démocratique et son gouvernement national. Elle
» s'est dit que le traité de Londres, en détachant tout-à-coup l'Anglererre de
» notre alliance, anéantissait en quelque sorte les dix années de paix dues à no-
» tre sagesse, et nous rejetait au lendemain de la révolution de juillet. Elle a cru
» comprendre que le mauvais vouloir des puissances, plutôt comprimé qu'éteint,
» saisissait cette occasion d'éclater. Sans s'occuper des termes et de la forme
» extérieure du traité, c'est son sens intime, sa signification mystérieuse, qu'on
» a cherché à pénétrer. Tous les prétextes ont paru vains et ridicules. Un fait,
» un seul fait a saisi sur-le-champ tous les esprits : la France laissée seule en
» face des puissances du Nord coalisées avec l'Angleterre ! »

Nous rendons compte de l'impression générale. Nous expliquons la cause du
mouvement extraordinaire que la nouvelle du traité de Londres a produit en
France, mouvement du reste qui honorera, quoiqu'il arrive, notre pays. « Main-
» tenant, l'opinion publique, chez nous, s'est-elle trompée sur la véritable por-
» tée de cet acte inattendu ? N'y a-t-il, en effet, dans le traité de Londres, rien
» d'hostile contre la France, rien de menaçant pour nos principes ? » Est-ce uni-
quement contre l'ambition *insatiable* du Pacha d'Égypte, est-ce pour faire rentrer ce sujet *rebelle* dans son devoir que l'Autriche, la Prusse, l'Angleterre et la
Russie ont formé une étroite alliance ? Est-ce pour la Syrie que toute l'Europe
se remue ? Tant de conférences, de pourparlers, de préparatifs se réduiront-ils à
essayer de vaincre ce qu'on appelle l'obstination de Méhémet-Ali ? « Tant mieux.
» Nous le souhaitons de tout notre cœur ; car alors le but que les puissances se
» proposent ne leur paraîtra sans doute pas assez important pour qu'elles pous-
» sent les choses jusqu'à engager une guerre universelle. » Quelqu'intérêt que
portent l'Autriche et la Prusse à la légitimité du Sultan, elles ne se soucieront
pas de transporter la question sur le Rhin. L'Angleterre reconnaîtra probablement qu'elle a en Orient, aux portes de Constantinople, un rival plus redoutable
que le Pacha. La voix de la raison et de l'humanité pourra se faire entendre.
L'industrie, le commerce, tous les intérêts pacifiques prévaudront sur l'entête-
ment de quelques diplomates. « On fera peut-être quelques démonstrations con-
» tre le Pacha pour n'en avoir pas le démenti, et puis on se lassera et on s'en-
» tendra. » Ce sera facile ; car la France ne veut rien, ne demande rien pour
elle-même. Elle n'a qu'un but, la conservation du *statu quo*. On la trouvera toujours prête à se concerter de bonne foi avec le reste des puissances pour le maintien de l'empire ottoman. Le traité de Londres, s'il ne cache pas une arrière
pensée, aura fait beaucoup de bruit, « et ne fera peut-être pas beaucoup de
» mal. »

Ce serait tout autre chose dans le cas où l'esprit public aurait rencontré juste
en supposant sous ce traité le dessein secret d'humilier la France, de l'intimider,
de l'isoler, d'organiser contre elle, contre sa puissance et ses principes, une espèce de blocus européen. « Un peu plus tôt ou un peu plus tard, la guerre écla-
» terait, et une guerre terrible ; car la France risquera certainement tout plutôt

» que de souffrir qu'on se mêle de ses affaires intérieures. » Nous voulons vivre
en paix, s'il est possible, avec les gouvernemens mêmes dont les principes diffèrent le plus des nôtres. Nous ne prétendons pas nous faire les réformateurs du
monde ; nous ne nous chargeons pas de rompre des lances pour tous ceux qui
souffrent et qui se plaignent ; que chaque pays développe, comme il l'entendra,
ses ressources, ses richesses, sa puissance : nous respecterons l'indépendance de
chacun, à une seule condition, c'est qu'on respecte inviolablement la nôtre. « Si
» les formes de notre gouvernement penchent vers la démocratie ; si tantôt l'in-
» fluence de la royauté domine, tantôt l'influence du Parlement ; si nous n'avons
» pas les ministres qui nous plairaient le plus à nous-mêmes, c'est notre affaire. »
Nous ne changerons pas, qu'on en soit sûr, le plus petit article de nos lois pour
faire plaisir à des étrangers. Nous avons fait la révolution de Juillet tous seuls ;
nous la maintiendrons tous seuls telle qu'elle est. Nous ferons notre police nous
mêmes. La démocratie française, au surplus, a fait preuve, depuis dix ans, d'assez de sagesse et de modération ; aujourd'hui encore, elle est calme ; elle attend
les événemens ; elle désire la paix en se préparant à soutenir, s'il le faut, son
honneur. A-t-on vu beaucoup de gouvernemens aristocratiques ou absolus
montrer, en pareil cas, autant de dignité, une résolution aussi ferme et aussi
maîtresse d'elle-même ?

Pour nous résumer en deux mots, « ou le traité de Londres n'a vraiment en
» vue que l'arrangement des affaires d'Orient, et alors il n'est pas probable que
» la paix générale en soit sérieusement troublée ; les puissances ne feront pas
» la faute » de changer la question en une question européenne, et de se battre
sur le Rhin pour fixer en Syrie les limites du Sultan et du Pacha d'Égypte. Si
c'est la France que le traité de Londres menace secrètement, « si c'est elle qu'on
» veut faire rentrer dans le devoir, la guerre est infaillible ; la France défendra
» jusqu'à la dernière goutte de son sang ses droits, son indépendance, sa révolu-
» tion ; mais ce n'est pas sur la France que retombera la responsabilité des maux
» affreux qu'une pareille guerre entraînerait ! »

PARIS, 24 AOUT.

Nous ne pensons pas, on le sait, que le moment soit venu d'ouvrir un débat
solennel sur la conduite du ministère dans les affaires d'Orient et dans les négociations qui ont abouti au menaçant traité de Londres. Trop de faits sont encore
enveloppés de mystère. La discussion serait nécessairement incomplète ; elle
pourrait avoir ses dangers. Le gouvernement, dans la crise où il se trouve, a besoin de toutes ses forces. Nous ne voulons pas plus accuser le ministère sans
preuve et injustement peut-être, que l'absoudre d'avance. A notre avis, toute
discussion aurait dû être ajournée jusqu'à la convocation des Chambres. Là on
s'expliquera à fond. Malheureusement le ministère lui-même est sorti de cette réserve, en publiant dans *une Revue* des explications prématurées qui ont failli ré-
veiller à contre-temps la polémique. Tout en regrettant que le ministère ne s'en
fût pas tenu à l'engagement très-raisonnable qu'il avait pris de s'expliquer,
quand il pourrait le faire complètement et devant les Chambres, nous avons cru
qu'il était de notre devoir de reproduire un article qu'on attribuait généralement
à la plume de M. le président du conseil des ministres. Aujourd'hui, c'est un des
chefs les plus brillans du parti conservateur qui prend la parole. Dans ce mor-
ceau, que vient de publier le *Journal de Saône-et-Loire*, on reconnaîtra sans
peine les idées et le talent de M. de Lamartine. En l'imprimant, nous faisons notre office d'organe de la publicité ; nous mettons sous les yeux de notre pays une
pièce importante du procès ; nous publions l'article de M. de Lamartine comme
nous avons publié celui de M. Thiers ; nous n'engageons pas notre opinion
propre.

On verra au premier coup d'œil sur quels points nos idées diffèrent essentielle-
ment de celles de M. de Lamartine. L'honorable député a sur l'Orient en général
des vues qu'il serait en ce moment aussi peu utile de combattre que d'approuver ;
car elles ne sont pas en question. Ce qui nous presse, c'est le traité de Londres,
c'est la Russie menaçant Constantinople et l'Angleterre menaçant l'Egypte, c'est
le danger de cet isolement où il semble que les puissances nous aient jetés à
dessein ! Dans le pacha d'Egypte que soutient la France ? Est-ce son système
d'administration intérieure, système, après tout, qui vaut bien celui de la Turquie ? Nous représentons-nous puérilement Méhémet-Ali comme un réformateur
à la mode européenne, comme une espèce de prince constitutionnel ? Non. Méhémet-Ali gouverne l'Orient avec le génie oriental. Nous n'attendons pas de lui
qu'il donne une Charte aux Fellahs ou qu'il proclame en Syrie une déclaration
des droits de l'homme. Ce que la France voit dans la puissance de Méhémet-Ali,

c'est précisément une barrière contre les envahissemens européens, une dernière garantie contre le démembrement de l'Orient, démembrement qui ne se fera pas, même quand on adopterait le système de M. de Lamartine, sans que l'équilibre du monde en soit ébranlé, sans que le sang coule, sans la guerre ! M. de Lamartine divise l'empire ottoman en quatre grandes parts ; il en met une sous la protection de la Russie ; ce n'est rien moins que Constantinople et la mer Noire ! Une autre sous la protection de l'Angleterre ; c'est l'Egypte. Il donne les bords de l'Adriatique à protéger à l'Autriche et à nous la Syrie, et M. de Lamartine appelle cela maintenir l'intégrité de l'empire ottoman ! Est-il bien fondé à reprocher une contradiction grossière à ceux qui, pour maintenir cette intégrité, veulent que le Sultan et le Pacha, au lieu de se détruire réciproquement, s'entendent et s'appuient l'un sur l'autre ? Ne vaudrait-il pas cent fois mieux pour le Sultan avoir le Pacha pour vassal, le Pacha puissant, mais lié à son souverain par la religion, par l'habitude, par les mœurs, que d'avoir quatre protecteurs comme la Russie, l'Angleterre, la France et l'Autriche ? C'est un partage que M. de Lamartine propose. Nous ne savons pas si ce partage s'opérera un jour. Ce que nous savons, c'est qu'aujourd'hui les idées de M. de Lamartine allumeraient la guerre générale plus infailliblement que le traité même de Londres. Car, pour début, la France débarquerait des troupes en Syrie et s'emparerait de cette province !

Ce que nous voulons conclure de là, c'est que, s'il y a une chance de paix, elle est dans le maintien du *statu quo*. La question d'Orient est aujourd'hui la grande question du monde. Les efforts même que font infructueusement pour la dénouer des esprits aussi éminens que M. de Lamartine, prouvent assez de combien de difficultés elle est hérissée. Le *statu quo*, nous ne l'ignorons pas, quand même on parviendrait cette fois encore à le maintenir, n'est lui-même qu'un ajournement. Mais qu'est-ce donc que la paix, sinon un ajournement de la guerre ? Nous l'avons déjà ajournée de dix ans ; quand nous ne l'ajournerions, par le maintien du *statu quo*, que de quelques années de plus, l'humanité et la civilisation nous en devraient de grandes actions de grâces !

« Maintenant le ministère a-t-il fait, pour prévenir le fatal traité de Londres, tout ce qu'il devait et tout ce qu'il pouvait faire ? Est-ce à lui, est-ce à sa témérité ou à son imprudence qu'il faut imputer le succès des négociations de M. Brunow et des intrigues de lord Ponsonby ? Ce traité, au contraire, révèlerait-il une pensée de jalousie et de haine contre la France, qui germait depuis long-temps dans le cœur des puissances qui l'ont signé ? Est-ce une étourderie de lord Palmerston qui comptait trop sur le succès des insurgés de Syrie ? Est-ce une profonde combinaison pour isoler la France, pour la cerner, pour la placer entre l'humiliation, si elle cède, et une guerre de désespoir, si elle ne cède pas ? Nous l'avons dit, sur tous ces points nous entendons nous réserver, jusqu'à plus ample explication, la liberté entière de notre jugement. A dire vrai, nous sommes portés à croire qu'il y a quelque chose de plus important dans le traité de Londres qu'une question de ministère. Nous nous imaginons difficilement que toute l'Europe se soit coalisée pour donner un moment d'inquiétude et de déplaisir à M. Thiers. Nous n'oserions pas assurer qu'un autre ministère eut été plus heureux, et que l'Angleterre et la Russie lui eussent sacrifié leurs vues, si elles en ont de sérieuses. Abandonner l'Egypte, Constantinople, l'Orient, au bon plaisir des puissances, et se mettre à leur suite pour ne les avoir pas contre soi, c'est une politique, que, pour notre part, nous n'aurions conseillée à personne. » Ce n'est pas non plus la politique de M. de Lamartine. Si la sienne pèche, c'est plutôt comme il appartient à un si noble esprit, par l'excès de la hardiesse.

Quoi qu'il en soit, nous ne regrettons pas l'attitude que nous avons prise. Nous n'avons pas vu le ministère, nous n'avons vu que la France menacée par un traité qui lui enlevait son seul allié. Nous avons fait un peu plus tôt ce que M. de Lamartine déclare lui-même qu'il fera un peu plus tard, si la guerre éclate. En présence d'un danger national, nous avons imposé silence à nos justes rancunes. Le traité de Londres existe ; soit qu'il ait pour but de régler sans nous, et à notre préjudice, les affaires d'Orient, soit qu'il contienne la semence d'une nouvelle coalition contre nos principes, c'est un péril immense ; le plus pressé est d'y pourvoir. Nous aurons toujours le temps de reprendre nos querelles intérieures. Nous saurons bien, si le ministère a fait des fautes, les lui faire payer. Nous ne lui donnons pas un bill d'indemnité pour ce que nous ne connaissons pas de sa conduite. Nous l'approuvons de la fermeté qu'il a montrée dans cette crise, de la promptitude avec laquelle il a pris ses mesures, et nous n'avons d'ailleurs jusqu'à présent aucune raison de supposer qu'en armant comme il le doit, il ne fasse pas tous ses efforts pour maintenir la paix. La paix ! mais il serait insensé de ne pas la vouloir ! Mais des artisans de sédition et d'anarchie peuvent seuls désirer la guerre pour la guerre ! Ce sont de ces accusations qu'on ne jette pas légèrement à la tête d'un ministère, même quand on n'est pas ministériel.

Voilà notre profession de foi et l'explication de notre conduite. Nous ne doutons pas que l'une et l'autre n'aient l'approbation du pays.

PARIS, 25 AOUT.

Le traité de Londres a été communiqué à Méhémet-Ali, et peut-être même à l'heure où nous parlons, ce traité lui a-t-il été notifié officiellement par les quatre puissances signataires. Ce qui est certain, c'est que le vice-roi, confiant dans sa fortune et dans ses armes, a refusé et refusera de se soumettre.

Dans la prévision du traité de Londres, il faudra donc employer des mesures coërcitives pour contraindre le vice-roi. Or, quelles seront ces mesures ? où et comment attaquera-t-on ?

Le premier moyen qui se présente à l'esprit, c'est le blocus pur et simple. Mais on sait à quoi s'en tenir sur la valeur de cette opération démonstrative plutôt qu'efficace. Appliqué avec une rigueur extrême et pendant des années à l'Algérie et à des pays comme le Mexique ou la république Argentine, dont les gouvernemens n'ont pour subsister que le produit des droits de douanes, le blocus n'a rien produit, et toujours il a fallu recourir à des offensives. A plus forte raison le blocus serait-il sans effet sur des pays qui tirent d'eux-mêmes tous les objets de leur chétive consommation, qui ne comptent les droits de douanes que pour une faible somme dans leur mince budget, qui sont le domaine exclusif d'un seul propriétaire et d'un seul négociant, Méhémet-Ali ! Lui seul pâtira des effets du blocus ; mais il est mieux préparé que peut-être on ne le croit à en subir les conséquences. Lors des dernières crises qui ont troublé le commerce des cotons, le principal et presque l'unique article de ses exportations, Méhémet-Ali, plutôt que de se soumettre à la dépréciation qui pesait sur cette denrée, a mieux aimé se résigner lui-même à une sorte de blocus, en gardant pendant des années entières les produits de ses récoltes dans les magasins. Il lui est alors arrivé de devoir jusqu'à vingt et trente mois de solde à ses employés civils et militaires, et cependant son administration n'en a pas moins continué de marcher, et cependant son armée ne s'est pas débandée, car il lui a toujours distribué les vivres que le sol de l'Egypte fournit abondamment. Le blocus pur et simple ne produira donc pas de grands embarras dans la position du vice-roi, et d'un autre côté il privera l'Angleterre des rapides et régulières communications que la vapeur a permis d'établir entre l'Inde et l'Europe par la mer Rouge et l'Euphrate.

Il est donc indispensable de compléter le blocus par un système d'opérations actives. Mais quelles seront ces opérations ?

Renouvellera-t-on, après l'expérience malheureuse que les Anglais ont faite en 1807, une tentative contre l'Egypte, au cœur même de la puissance du vice-roi ? Nous ne le pensons pas, car ce serait une entreprise qui exigerait aujourd'hui des efforts et des dépenses immenses. Environnée de déserts impraticables à une armée, l'Egypte ne peut-être attaquée que par mer, et, de ce côté, elle ne présente à l'ennemi qu'une seule ville, Alexandrie, et un seul point sur lequel on puisse débarquer, Aboukir. Formé par lo travail patient des siècles, le sol de l'Egypte va sans cesse s'agrandissant sous la double influence des terres entraînées par le Nil et des sables apportés par les deux courans du Nord et de l'Ouest qui viennent se briser à cette extrémité de la mer Méditerranée. Il résulte de ces circonstances locales que, pendant plusieurs milles, à partir de la mer, l'Egypte n'offre qu'une côte basse, sans profondeur, semée de vases, de marais et de lacs, où jamais une armée d'invasion n'oserait s'aventurer devant un ennemi aussi vigilant et aussi résolu que Méhémet-Ali ; elle y périrait, sans même qu'il fût nécessaire pe tirer un coup de fusil. Les diverses chaussées qui unissent entre eux quelques points du littoral (car il s'en faut de beaucoup qu'ils soient tous réunis) ne sont que des digues élevées de main d'homme, et qu'un travail de quelques heures suffirait à rendre complètement impraticables. Un seul point fait exception : c'est le massif de rochers sur lequel s'élève Alexandrie, et les quelques lieues carrées de sables qui l'entourent.

Là se trouve la plage d'Aboukir, que les bâtimens de guerre peuvent accoster d'assez près pour y tenter un débarquement ; mais le vice-roi, éclairé par l'expérience, y a fait construire ouvrages sur ouvrages, entasser canons sur canons, au point d'y rendre toute entreprise de ce genre inexécutable, selon le témoignage de M. le maréchal duc de Raguse. Quant à attaquer Alexandrie par mer, il n'y faut pas songer, défendue comme elle est par par une enceinte demi-circulaire de rochers sous-marins, entre lesquels il n'y a que deux passes excessivement étroites, et dont une seule admet des frégates. Les bâtimens d'un plus fort tirant d'eau sont obligés, avant d'y entrer, de décharger leur eau et leur artillerie. Cette enceinte, qui forme ce qu'on appelle le Port-Vieux d'Alexandrie, est assez vaste pour que Méhémet-Ali, en réunissant sa flotte dans le centre, puisse l'y mettre hors de la portée de l'artillerie ennemie; comme il peut aussi, en établissant ses vaisseaux à l'ancre près des passes, dans les eaux tranquilles de ce bassin, présenter un front qu'aucune flotte au monde n'oserait braver. Eternellement battus par la mer, les récifs du Port-Vieux occasionnent dans les flots une agitation extraordinaire qui produit même sur les plus forts bâtimens un roulis assez considérable pour rendre presque nul l'effet de leur artillerie, tandis qu'au contraire la flotte mouillée dans l'intérieur peut tirer sur eux, sans plus de gêne qu'au polygone, et les détruire successivement, obligés qu'ils sont par les circonstances locales de se présenter aux passes un par un. Du côté de la terre, les fortifications d'Alexandrie ont été considérablement augmentées depuis nombre d'années, et il faudrait aujourd'hui un siége dans les règles pour s'en emparer. Enfin, en supposant qu'on parvînt à opérer un débarquement sur la plage d'Aboukir et à entrer dans Alexandrie, le vice-roi pourrait encore, en coupant la digue étroite qui unit cette ville à la terre ferme, faire des lacs Mareotis et Madyeh une mer à travers laquelle il serait bien difficile de l'attaquer. Qu'on ajoute à toutes ces défenses naturelles la présence d'une armée régulière de 80,000 hommes (40,000 hommes de l'armée de terre, 20,000 marins et plus de 20,000 hommes des milices qui s'organisent depuis un an), pourvue d'un matériel redoutable, car dès long-temps le pacha s'est préparé à la crise d'aujourd'hui, soutenue par les contingens des tribus errantes qui n'ont jamais refusé leur concours, et l'on aura une idée assez exacte des obstacles qui arrêteraient une armée d'invasion dirigée sur l'Egypte.

Toutes ces considérations paraissent avoir été sérieusement pesées à Londres, car nous ne voyons pas qu'en Angleterre on fasse aucuns préparatifs, et il serait impossible aujourd'hui d'organiser silencieusement, et aussi sans de très-longs délais, une expédition qui exigerait des moyens si puissans.

Ce dernier motif nous fait croire aussi qu'on ne songe pas non plus à attaquer la Syrie par mer. Depuis sept ans que Méhémet-Ali gouverne ce pays, il en a employé toutes les ressources à l'organiser militairement, dans la prévision de ce qui arrive aujourd'hui : réquisitions de tout genre, impôts, corvées, travail forcé, expropriation, tous les moyens violens de son impitoyable gouvernement, il les a employés à couvrir le pays de magasins et de postes fortifiés, à hérisser d'ouvrages défensifs cette côte inabordable sur presque toute sa longueur, et qui ne compte pas un port où l'on puisse faire entrer une frégate, ni une rade, sauf celle de Scanderoum, où l'on ne soit pas exposé à tous les coups de vents si fréquens et si dangereux dans ces parages. Parviendrait-on à débarquer sur cette côte inhospitalière, on serait obligé de se jeter dans des montagnes où il serait impossible à un corps d'armée de se maintenir en présence d'un ennemi connaissant le pays, en parlant la langue et y disposant de moyens considérables pour l'attaque comme pour la défense. Le véritable moyen d'attaquer Méhémet-Ali en Syrie, c'était d'insurger la population de la montagne; on aurait ainsi paralysé et dangereusement compromis l'armée égyptienne; mais, malgré tout le zèle qu'on y a mis, la tentative a échoué. Aujourd'hui Ibrahim dispose dans cette province d'une armée de plus de cent mille hommes instruits, disciplinés et pourvus de tout ce qui peut les aider à faire un guerre heureuse, sans compter les renforts qu'il reçoit tous les jours, ni dix ou quinze mille hommes de ces troupes irrégulières qui ont toujours joué un rôle si brillant dans les guerres de l'Asie; c'est-à-dire que le vice-roi a en Syrie des forces doubles ou triples de celles qui lui seraient nécessaires pour lui assurer la conservation de cette province.

Or on ne doit pas croire qu'avec des moyens aussi puissans à sa disposition, Ibrahim attende patiemment l'arrivée de l'armée russe qui, venue par l'Arménie ou l'Asie Mineure, en débarquant à Samsoun ou à Trébisonde, doit l'attaquer dans la vallée de l'Euphrate. Il a pu attendre l'armée turque dans la plaine de Nézib, « quand il croyait encore à l'équité de l'Europe, » quand il voulait lui montrer que l'agression ne venait pas de son fait, à lui Ibrahim; mais se conduire aujourd'hui comme en 1839, « ce serait une faute grossière; » car il se croit en droit de ne rien ménager puisqu'on lui refuse un accommodement honorable. C'est en pays ennemi, dans l'Asie-Mineure qu'il lui est si facile de soulever au nom de la foi contre les infidèles; c'est sous les murs de Constantinople,

où l'appelle un parti puissant, qu'il voudra vider sa querelle. Trente mille hommes lui seront plus que suffisans pour tenter cette entreprise; son armée de Syrie ne pourra-t-elle pas les lui fournir et au-delà ?

Car, il ne faut pas se faire illusion à cet égard, ce n'est pas aux quatre puissances, mais à Ibrahim, à qui la force des choses donne, s'il veut le saisir, le
pouvoir de fixer le lieu du combat. Avant que l'armée russe ait eu le temps de
s'embarquer à bord de sa flotte, d'arriver et de s'organiser pour avancer au milieu d'un pays, ennemi pour toute armée chrétienne, Ibrahim aura le temps d'arriver sur les rives du Bosphore, à moins qu'avant toute autre démonstration on
ne commence par donner à Constantinople la protection d'un corps russe.

C'est-à-dire que, quel que soit le côté sous lequel on cherche à envisager la
question que le traité de Londres à la prétention de résoudre, on arrive toujours
à cet inévitable résultat : la présence des Russes à Constantinople, précédée par
l'insurrection de la seule province où il reste encore une population ressemblant
quelque peu à la race turque, et suivie très-probablement de la révolte des sujets chrétiens qui reconnaissent encore l'autorité du Grand-Seigneur.

PARIS, 26 AOUT.

Nous ne sommes pas surpris que notre réserve et notre modération ne soient
pas du goût de tout le monde. Nous pardonnerions même volontiers à ceux qui
accusent notre opposition de tiédeur, si nous pouvions croire qu'il n'entre dans
leur chaleur aucune passion personnelle, aucun calcul d'intérêt privé ou d'ambition égoïste et qu'ils n'imitent en rien cette coalition de funeste mémoire qu'ils
reprochent si justement aux hommes aujourd'hui ministres. Il est facile d'être
violent et de se jeter tête baissée dans un système, sans se soucier de ce qui peut
en arriver de bon ou de mauvais pour le pays. L'opposition de gauche l'a fait
pendant dix ans ; faut-il donc que nous fassions aujourd'hui comme elle ? Elle
ne s'inquiétait pas de remuer, par ses déclamations et par ses calomnies, les passions les plus stupides ; des émeutes et des révoltes éclataient, le sang coulait ;
leçon perdue ! Les calomnies et les déclamations n'en recommençaient le lendemain qu'avec plus de fureur. De la part du gouvernement, tout était faute, tout
était crime, tout était lâcheté, trahison, coup d'État. Sans examen, sans preuve,
sans apparence de preuve, la gauche condamnait tout. Etre de l'Opposition, c'é-
tait, à ses yeux, avoir acquis le droit de n'avoir plus ni justice, ni bon sens,
quand il s'agissait d'apprécier les actes et la conduite du gouvernement. Casimir
Périer, cet homme de cœur si dévoué à la France et à la liberté, n'était qu'un
fou, M. Guizot et M. Thiers n'étaient que les instrumens d'un système de répres-
sion impitoyable à l'intérieur, et d'un système de paix à tout prix au dehors ; M.
Molé, qu'un courtisan et presqu'un contre-révolutionnaire ! On n'attendait pas
qu'un événement fut accompli, qu'on en connût le caractère et les causes, pour
le tourner en accusation capitale contre le pouvoir. On aurait volontiers rendu
les ministres et la royauté même responsables des saisons, des tempêtes, de la
grêle ou de la foudre. Nous avons vu la gauche, dans l'aveuglement de son opposition, forcer jusqu'aux murailles de la vie privée, immoler l'honneur des
hommes et des femmes à ses passions politiques, ne pas vouloir admettre qu'un
adversaire fût un honnête homme, et poursuivre les ministres jusque dans leurs
délassemens et dans leurs parties de plaisir.

Oui, voilà ce que la gauche a fait pendant dix ans. Nous n'imiterons pas ce
que nous avons cent fois blâmé avec indignation. Nous ne reprendrons pas contre M. Thiers, ministre appuyé par la gauche, les armes souillées de la gauche
contre M. Thiers, ministre du 11 octobre. Nous ne flétrirons pas les actes sans les
connaître ; nous ne calomnierons pas les intentions quand rien ne prouve encore
qu'elles soient mauvaises ; nous ne diffamerons pas les personnes. Nous serons
justes autant que cela dépendra de nous, même envers des ministres que nous
n'aimons pas, dont nous redoutons les tendances, d'abord parce qu'il faut être
juste envers tout le monde, même envers ses adversaires ; ensuite parce que les
ministres, tant qu'ils sont debout, représentent le pouvoir et la royauté, parce
qu'ils ont dans les mains tous les intérêts de la France, parce qu'ils sont chargés
d'en défendre l'honneur. « Si nous supposions surtout qu'il pût être question de
» sacrifier à des exigences étrangères un ministère quel qu'il fût, c'est-à-dire de
» renoncer à notre indépendance nationale pour avoir la paix, il n'y a pas un mi-
» nistère à ce prix que nous ne préférassions supporter. » Les ministres du 1er
mars ne sont pas nos amis, tant s'en faut ; personne ne l'ignore. Si cela eût été
en notre puissance, on le sait, ils ne seraient pas ministres. Nous n'avons pas
oublié quelle déplorable manœuvre leur a ouvert le pouvoir. Nous nous tenons
vis-à-vis d'eux en grande défiance. Leurs rapports avec la gauche nous affligent.

Nous craignons qu'après avoir attisé les passions démocratiques dans leur funeste campagne contre la royauté, ils n'aient ni la force ni l'autorité nécessaires pour les contenir ou les réprimer. Nous les surveillons avec inquiétude ; nous ne leur passerons aucune faute. « Mais les blâmer à tort et à travers, mais dénaturer ce » qu'ils font de bien pour y trouver du mal, mais n'avoir qu'un but, celui de les » renverser, au risque de ne savoir peut-être pas après comment les remplacer, » et de soulever d'épouvantables orages, non jamais ! » Prenne qui voudra cette responsabilité devant le pays ! nous ne la prendrons pas, nous ! Quand nous attaquions si vivement la coalition, ce n'était pas les hommes que nous poursuivions, c'était la chose ! Nous gémissions de voir les intérêts les plus sacrés du pays oubliés pour de misérables intérêts d'ambition personnelle, et toutes les questions réduites à savoir si ce serait M. Thiers qui remplacerait M. Molé, quand même il faudrait pour cela ébranler tout ce que M. Thiers lui-même avait tant contribué à raffermir, fouler aux pieds la royauté, déchaîner les passions que l'amnistie avait calmées. Or, encore une fois, nous n'imiterons pas la coalition, dussions-nous, en l'imitant, réussir à abattre les hommes qu'elle a élevés. Ses intrigues n'excuseraient pas les nôtres. La coalition n'a pas respecté le pouvoir ; nous le respecterons. La coalition a traité les ministres qu'elle voulait renverser en ennemis personnels ; nous pouvons avoir des adversaires, nous n'avons pas d'ennemis. Pour détruire un ministère, la coalition a risqué de détruire le gouvernement même ; nous songerons toujours que derrière les ministres, quels qu'ils soient, il y a une Charte, un Roi, « une France, et au moment surtout où des nuages » menaçans se forment du côté de l'étranger, nous ne refuserons pas, quand il » le méritera, notre appui au gouvernement de notre pays. Le traité de Londres » intéresse un peu plus la France qu'une guerre de portefeuilles. »

Après cela, que des gens qui ne cherchent dans la lecture des journaux qu'une distraction d'un quart-d'heure, ne nous trouvent pas assez piquans parce que nous n'assaisonnons pas tous les matins nos articles d'injures contre le ministère, peu nous importe. Qu'ils cherchent les injures où elles sont ; nous le leur permettrons volontiers. Nous pesons nos mots. Nous n'écrivons rien qui ne soit l'expression d'une pensée grave. Nous cherchons notre honneur dans les services que nous pouvons rendre non à telle ou telle personne, mais à l'intérêt général. Que d'autres plus sérieux, mais gens de parti avant tout, accusent notre opposition d'être trop circonspecte et trop mesurée, nous pourrons être fâchés, si ce sont des hommes consciencieux d'ailleurs, de n'avoir pas leur approbation ; nous nous en passerons néanmoins. Nous comptons sur celle du pays. Nous voulons bien leur être agréables ; mais « nous ne dirons pas qu'un autre ministère que le mi- » nistère du 1er mars eût infailliblement prévenu le traité de Londres, parce que » cela ne nous est pas démontré du tout. » Nous attendrons, pour juger, que nous connaissions pleinement les faits, parce que nous voulons que notre jugement soit juste. Nous ne dirons pas que c'est M. Thiers qui, dans son intérêt propre, souffle la guerre, parce que c'est une accusation épouvantable et qui ne pourrait se soutenir qu'appuyée sur des preuves plus claires que le jour. Personne n'admire plus que nous le talent et le noble caractère de M. de Lamartine. C'est un des hommes sur lesquels le parti conservateur doit placer ses espérances d'avenir. Grand poète, grand orateur, cœur dévoué à la France et à la liberté, même quand il se trompe, ses erreurs doivent être relevées avec respect, et rien n'est plus ridicule, à notre avis, que le dédain avec lequel les journaux ministériels traitent un homme aussi haut placé. Mais nous ne dirons pas que le système de M. de Lamartine sur l'Orient soit de nature à dénouer la question, quand il est évident pour nous au contraire que ce système précipiterait la guerre et embraserait le monde. « Nous ne dirons pas que le ministère a tort de soutenir l'E- » gypte et de ne pas la sacrifier à l'ambition de la Russie et de l'Angleterrre. » Nous ne blâmerons pas le ministère, nous le louerons d'une fermeté que nous » aurions louée dans ses prédécesseurs. En face d'une coalition menaçante il a » armé ; en négociant il se prépare à la guerre ; il veut mettre la raison du côté » de la France, et il est prêt, s'il le faut, à en appeler à la force. Il ne brave pas « un danger immense, mais il ne recule pas non plus. C'est une position digne » et forte. » Nous le louons encore une fois de l'avoir prise, et nous pensons que « ce n'est pas le moment de l'attaquer, de le harceler, de l'affaiblir. Qu'il se re- » tire, dit-on ! Quoi ! devant le traité de Londres ! Qu'il se retire ! Etes-vous donc » sûr d'être plus habile ou plus heureux que lui ! Qu'il se retire ! Non, pas à » cette heure ; car on croirait qu'il se retire non pas devant la France mais de- » vant la Prusse et l'Autriche. »

Nous pensons, cette fois nous être expliqués suffisamment. Soit pour nous ou contre nous qui voudra !

PARIS, 29 AOUT.

Nous avons reproduit, d'après *la Gazette d'Augsbourg*, un *Memorandum* qui portait tous les caractères d'une authenticité dont nous ne doutons plus. Il est dit dans cette pièce, que, bien que tout récemment les quatre cours eussent encore proposé à la France de se réunir à elles pour l'exécution d'un arrangement entre le Sultan et le Pacha, basé sur des vues que l'ambassadeur de France à Londres avait émises vers la fin de l'année dernière, le gouvernement français avait cru ne devoir pas s'associer à cette combinaison.

Le *Memorandum* porte la date du 15 juillet, jour de la signature du traité. L'arrangement dont il est parlé ne peut donc être que celui qui a été adopté définitivement, et qui consiste à proposer à Méhémet-Ali la possession héréditaire de l'Egypte et *la possession viagère du pachalick de St-Jean-d'Acre*. S'il était vrai que l'ambassadeur de France eût lui-même mis en avant cette proposition pour la repousser ensuite, assurément les quatre cours auraient le droit de se plaindre d'une semblable inconsistance, comme nous aurions nous-mêmes le droit d'accuser le ministre qui aurait pu donner, à un si court intervalle, des instructions aussi contradictoires. *Mais M. Guizot, nous en sommes certains, n'a jamais fait cette proposition.* M. le général Sébastiani, quand les négociations étaient entre ses mains, ne l'a pas faite davantage. Nous ne savons si l'idée d'un arrangement sur ces bases a été émise dans ce que le *Morning-Chronicle* appelle des conventions diplomatiques, mais ce ne pouvait être, comme le dit en français le journal anglais, que des *paroles en l'air*. Au fond, il nous importe peu que la Syrie appartienne au Sultan ou au Pacha ; ce qui nous importe, c'est qu'une petite guerre en Orient n'en amène pas une grande en Occident, c'est qu'une question particulière ne se transforme pas inévitablement en une question générale. Nous n'avons pas hésité à blâmer hautement le ministère d'avoir cru nécessaire de consulter le Pacha d'Egypte avant de prendre une détermination, attendu que l'initiative des résolutions du gouvernement français doit venir de Paris et non d'Alexandrie ; mais si nous devons rester seuls juges des conditions que nous estimerons justes, « nous ne pouvons, d'un autre côté, nous associer à des propositions inacceptables, » parce qu'elles pousseraient infailliblement le Pacha à un coup de désespoir qui aurait des conséquences incalculables, et parce que nous ne pouvons oublier non plus « que c'est sur les instances véhémentes d'un représentant de la France, que Méhémet-Ali a renoncé à profiter de sa victoire. Voilà pourquoi, en demandant le maintien du *statu quo*, que l'Angleterre a consacré comme elle, la France obéit à une prévoyance prudente autant qu'à un engagement moral ; voilà pourquoi « il est impossible que l'ambassadeur de France à Londres ait fait la proposition dont il est parlé. »

La *Gazette d'Augsbourg* fait ressortir en italiques un passage du *memorandum* où il est dit que le regret qu'éprouvent les quatre cours d'être momentanément séparées de la France a été diminué par les déclarations réitérées du gouvernement français qu'il n'avait rien à objecter contre l'arrangement que les quatre puissances cherchent à faire adopter à Méhémet-Ali, si *Méhémet-Ali y consent*.

Ces derniers mots suffisent à justifier les intentions de la France. Car, encore une fois, la question de savoir à qui des deux appartiendra la Syrie, nous touche beaucoup moins que le désir de maintenir la paix : si le Pacha consent à la céder, tout est pour le mieux ; et assurément nous ne prendrons pas les armes pour le forcer à la garder. Mais, nous ne cesserons de le répéter, notre seul but, en cherchant à obtenir pour le Pacha des conditions raisonnables, est de prévenir une perturbation générale, comme notre but, en refusant de nous associer à des propositions dont il ne voudra pas, est de ne pas nous rendre solidaires des fatales conséquences qu'elles entraîneraient.

Le *memorandum* ajoute que, *dans aucun cas*, la France ne s'opposerait aux mesures que les quatre cours jugeraient nécessaires pour obtenir l'assentiment du Pacha d'Egypte. Mais si ceci est exact, de quoi s'agit-il ? Que faisons-nous donc depuis un mois et plus, et sur quoi discutons-nous ? La France n'interviendra, *dans aucun cas*, dites-vous ? Mais voyez ce qui arrive. Vous envoyez en ce moment même des fusils et des munitions aux insurgés de la Syrie, vous recommencez cette épreuve qui vous a déjà trompés une fois. Si vous n'appuyez l'insurrection que d'une manière insuffisante, Méhémet-Ali la comprimera de nouveau, et voici l'intervention de l'Angleterre assez mesquinement compromise. Mais si le Pacha trouve le jeu dangereux, s'il sent dans la ténacité de la révolte la main trop visible d'une puissance européenne, alors, n'en doutez pas, il ordonne à son fils de marcher en avant. Que ferez-vous alors ? Irez-vous, comme le dit le *Times*, recommencer les exploits de Copenhague ou de Navarin, brûler Alexandrie, ou brûler la flotte turque avec la flotte égyptienne? Et quand vous le feriez, empêcherez-vous Ibrahim de marcher sur Constantinople, et les Russes d'y descendre? Dès ce moment, l'intervention ne vous appartient plus : vous êtes effacés, vous faites place à la Russie. Voici plusieurs cas passablement graves, à ce qu'il nous semble. Et le gouvernement français aurait déclaré qu'il n'interviendrait dans aucun cas, quand un des cas possibles, probables, presque certains, est une occupation militaire de Constantinople par les Russes. Cela ne se peut. Nous ne savons quelles sont les résolutions du gouvernement français : il est à croire qu'elles dépendront des circonstances. Le contrôle de la direction générale de la politique appartient à tous, mais les mesures que peut réclamer l'imprévu sont du domaine du pouvoir exécutif. Tout ce que nous savons, c'est que le jour où l'équilibre européen serait détruit par la base, la France ne pourrait rester en dehors du mouvement. Voilà pourquoi le gouvernement français et son représentant à Londres ont dû dire, et ont dit très-certainement, que le gouvernement français ferait tous ses efforts pour maintenir la paix, mais qu'il se réservait de se déterminer, selon les événemens, et qu'il gardait à cet égard sa pleine liberté d'action. En faisant cette déclaration, le gouvernement a suivi la seule ligne qui convint aux intérêts comme à l'honneur de la France.

PARIS, 30 AOUT.

La grande question de la paix ou de la guerre tient toujours les esprits en suspens. Les uns trouvent que le gouvernement ne pousse pas avec assez d'activité les préparatifs de guerre ; les autres, et c'est le plus grand nombre, par une sorte d'instinct plutôt encore que par un jugement raisonné, croient fortement à la conservation de la paix. On en est réduit aux conjectures. Nous n'avons pas le secret des négociations ; mais, d'une part, tout le monde a remarqué depuis quelques jours le ton pacifique des journaux ministériels, mieux informés que nous sans doute, et de l'autre, les journaux anglais annoncent la prochaine conclusion du traité de commerce qui se négocie depuis si long-temps entre leur pays et le nôtre. Songerait-on à signer un traité de commerce, si l'on était à la veille de prendre les armes?

Il y a donc quelque raison d'espérer que l'Europe échappera, cette fois encore, au malheur d'une guerre générale. Pour notre compte, nous le souhaitons vivement. On dit : mais est-il possible que les puissances reviennent sur le traité de Londres? Pourquoi pas, si elles reconnaissent que les plaintes de la France sont justes, que ses demandes sont raisonnables, qu'aucun motif d'ambition, qu'aucun désir d'agrandissement ne la pousse, et qu'elle n'a à cœur que de maintenir l'équilibre et la paix du monde? Par quel amour-propre, peu digne de la sagesse des grands gouvernemens, qui tiennent dans leurs mains le sort de tant de millions d'âmes et l'avenir même de la civilisation, refuserait-on de reprendre les négociations, de chercher à s'entendre, de tenter tous les moyens de conciliation avant d'en venir à la terrible extrémité de la guerre? En sommes-nous encore à croire qu'il y va de l'honneur des peuples et de ceux qui les gouvernent, de s'entêter dans une fausse voie dès qu'ils y ont mis le pied, et qu'il vaut mieux tout risquer que d'écouter la raison? Cette politique barbare est-elle la politique qui convient à notre siècle, et depuis dix ans particulièrement n'est-ce pas par des conférences et par des concessions mutuelles qu'on a maintenu cette paix qui est la véritable gloire de notre époque?

Il y a dans le traité de Londres deux questions, la question d'Orient et la question européenne : celle-ci est sans comparaison la plus grave. De la Syrie elle transporte le champ de bataille sur le Rhin ; d'une querelle entre le sultan et le pacha d'Egypte elle fait une guerre de principe entre la France et le reste des puissances civilisées ; et, par un incroyable renversement des choses, ce sont les puissances qui ont tout à perdre au bout de cette guerre, et rien à gagner, qui en supporteraient le poids. Pour l'Autriche, pour la Prusse, bien plus encore que pour la France, il n'y a qu'un intérêt en Orient, celui d'empêcher le démembrement final et le partage de l'empire ottoman. Ce n'est pas la Prusse qui peut avoir à se frayer par l'Egypte une route vers les Indes ; l'Autriche sait bien que ce n'est pas elle qui héritera de Constantinople. Pour ces deux puissances, où seraient donc les dédommagemens de la guerre? Et néanmoins, la question devenant européenne, le traité de Londres ayant lié la Prusse et l'Autriche à la Russie et à l'Angleterre dans un arrangement commun contre la France, sur quelles frontières la France porterait-elle nécessairement ses premiers coups? Le traité de Londres isole la France ; il la laisse dans un menaçant abandon ; il la cerne au milieu de l'Europe ; il lui montre une coalition toute formée. La France

avait un allié, l'Angleterre : le traité de Londres nous l'enlève. Les gouvernemens dont le principe diffère du nôtre, qui n'ont jamais pu voir notre révolution
de bon œil, s'unissent au seul gouvernement sur lequel la ressemblance des
institutions nous permettait de compter. Dans l'état de l'Europe, l'isolement c'est
presque une proscription. La France ne peut souffrir qu'on établisse autour d'elle
une espèce de cordon sanitaire. De l'isolement à la guerre il n'y a qu'un pas.
Voilà comment le traité de Londres, par le seul fait de l'exclusion de la France,
changerait infailliblement la question d'Orient en une question européenne. C'est
cette question qu'il faut d'abord résoudre, c'est ce nuage qu'il faut d'abord dis-
siper. Il faut que les puissances, et nous n'en appelons qu'à leur sagesse, qu'à
leur amour pour la paix, prouvent avant tout qu'elles n'ont pas eu l'intention
d'isoler la France et de la mettre hors de la grande famille européenne.

Quand il ne restera que la question d'Orient, nous l'avons toujours dit et nous
n'hésitons pas à le répéter, il sera possible de s'entendre. Notre intention n'est
pas, on le conçoit, d'exposer ici un plan de pacification. Que veut la France ?
Que veulent ou que doivent certainement vouloir, dans leur intérêt bien entendu, l'Autriche et la Prusse ? Qu'est-ce que l'Angleterre a toujours déclaré
qu'elle voulait ? Que fait au moins semblant de vouloir la Russie elle-même ? Le
maintien de l'empire ottoman dans son intégrité. Que signifient ces mots, le
maintien de l'empire ottoman ? Traduisons-les de bonne foi. Que craint l'Europe ?
Est-ce l'agrandissement du pacha d'Egypte ? Parce que le pacha obtiendrait la
jouissance héréditaire ou viagère de la Syrie, l'équilibre de l'Europe en serait-il
troublé ? Le maintien de l'empire ottoman dans son intégrité, c'est une barrière
diplomatique élevée contre les puisances européennes qui convoiteraient les débris de cet empire, et songeraient à s'agrandir à ses dépens. Voilà le danger auquel il est juste et sage de pourvoir. Ne permettez pas au pacha d'Egypte de
franchir le Taurus et de faire marcher son armée sur Constantinople, vous au-
rez raison ; car une révolution en amènerait une autre. Dans la conflagration qu'al-
lumerait une pareille entreprise, ce n'est probablement pas dans les mains du
pacha, c'est-à-dire d'une puissance turque, que demeureraient les Dardanelles.
Liez le pacha au sultan par les devoirs de la vassalité, réprimez son ambition
s'il la pousse trop loin, faites, en un mot, tout ce qu'il faudra pour qu'aucune
puissance européenne n'ait le prétexte de faire peser trop lourdement sa menaçante protection sur les faibles restes de l'ancien héritage des Ottomans, la
France s'y associera loyalement et de bon cœur. Or, encore une fois, ce qui est
l'intérêt de la France est l'intérêt de l'Autriche et de la Prusse, et nous aimons
encore à croire que l'Angleterre sous ces mots de maintien de l'empire ottoman
ne cache pas une idée de partage. « Pourquoi donc ne reviendrait-on pas sur le
» traité de Londres ? Si l'on ne veut pas la guerre, pourquoi fermerait-on l'oreille
» aux justes réclamations de la France ? Rien n'est encore consommé ; » les esprits sont calmes : on a vu le péril, on désire l'éviter ; c'est le moment de se
rapprocher.

Nous ne cachons pas les vœux que nous faisons pour la paix, « mais pour une
» paix honorable. La France, les puissances le savent bien maintenant, ne recu-
» lera pas, même devant la terrible nécessité de faire la guerre toute seule. Il y
» a un point où la question d'Orient et la question européenne se lient. Qu'on
» isole la France, qu'on se forme en congrès et en ligue contre elle, c'est la
» question européennne. Que, sous prétexte d'arranger les affaires d'Orient,
» chacune des puissances mette la main sur les débris de cet empire et s'en as-
» sure dans un temps plus ou moins rapproché la possession, c'est encore la ques-
» tion européenne. »

PARIS, 31 AOUT.

Commençons par constater que les nouvelles sont en général d'un caractère
pacifique. Les journaux allemands le disent, les journaux anglais le disent ; et les
journaux du ministère, de crainte de se tromper, disent à peu près le contraire
l'un de l'autre, ce qui est un moyen assez commode de n'alarmer ni de rassurer
personne.

Selon la dépêche publiée hier par le gouvernement, le pacha d'Egypte a déclaré qu'il repousserait la force par la force ; « mais qu'il resterait sur la défen-
» sive, et ne ferait aucun acte d'aggression. »

Si cette note, qui ne nous donne pas même une date, est compréhensible, il
n'y a pas de la faute du ministère. Il serait aisé d'être plus clair. « Cela veut-il
» dire que le pacha laissera la lutte se concentrer dans la Syrie, et usera ses for-
» ces et perdra son temps contre une insurrection entretenue et appuyée par des
» subsides et des secours européens ? Personne ne l'imaginera. » Cela veut-il

dire que le Pacha ne considérera pas une démonstration de blocus comme le prélude d'hostilités plus graves, et attendra des actes plus décisifs avant d'ordonner à son fils de marcher en avant? Alors, sans doute, cette résolution serait un nouveau gage donné au maintien de la paix. Il était à craindre, en effet, qu'à la première démonstration coërcitive, Ibrahim, laissant la Syrie à la fortune, n'entrât immédiatement dans l'Asie-Mineure. Voilà ce qui rend si vrai le mot de notre ambassadeur à Londres: « Nous sommes à la merci des incidens et des subal- » ternes. » Si le pacha d'Egypte, fidèle à cette prudence et à cette possession de lui-même dont il a déjà donné tant de preuves, consent à ne répondre que par la défensive à des actes dont on aurait pu craindre qu'il se montrât exaspéré, alors il dépendra encore de la puissance qui croira devoir se donner la satisfaction de ces démonstrations, de ne point le pousser à une démarche désespérée, qui entraînerait tout l'Occident à sa suite.

Voici, si nous ne nous trompons, quelles seraient à peu près les intentions du gouvernement anglais. Les relations des puissances contractantes avec le sultan, sont, dit-on, les mêmes qu'étaient celles de la France, de l'Angleterre et du Portugal avec l'Espagne, sous le traité de la quadruple alliance. Une des premières mesures militaires fut le blocus des provinces maritimes par lesquelles don Carlos recevait des secours. On commencerait également par le blocus des ports de la Syrie. Mais le blocus ne serait que militaire, et n'interviendrait en aucune façon dans les opérations de la marine marchande. Son seul objet serait d'interrompre la communication par mer entre le pacha d'Egypte et son armée de Syrie.

Si ce plan est exact et n'est pas dépassé, on peut encore compter que le pacha se contentera de se défendre sans faire acte d'agression. L'armée d'Ibrahim peut vivre en Syrie sans les convois d'Egypte : de plus, le pacha peut envoyer des secours d'Egypte en Syrie par le désert; plus difficilement sans doute; mais, sans remonter bien loin, nous rappellerons que l'armée française prit ce chemin.

La déclaration de Méhémet-Ali peut donc être considérée comme favorable au maintien de la paix générale. Il n'y a là sans doute aucune espèce de solution, tant s'en faut; mais c'est un ajournement, et un ajournement peut ouvrir la voie à un arrangement.

A ce propos, nous devons mentionner les bruits suivans qui ont circulé dans Paris. Une reprise des négociations aurait été, dit-on, facilitée par une haute intervention. Le roi des Belges s'est trouvé à Windsor et à Londres avec notre ambassadeur, avec M. le baron Bulow, ministre de Prusse, avec M. de Brunow, ministre de Russie, et avec lord Palmerston. De ces conférences serait sorti un projet de note que le gouvernement anglais adresserait à la France. On y dirait que l'Angleterre n'a jamais eu la pensée d'exclure la France des affaires de l'Orient; on désavouerait toute pensée hostile. Le traité du 15 juillet n'est en aucune façon une menace qui nous serait faite, mais une manière d'interpeller Méhémet-Ali, et de connaître ainsi ce qu'il veut et ce qu'il médite. Il serait enfin question d'ouvrir à Vienne une sorte de congrès où tout serait mis en discussion contradictoirement avec la France, et après ces nouveaux débats on signerait à Constantinople un traité définitif.

Ces bruits rassurans circulaient, à notre connaissance, depuis déjà cinq jours. Nous n'avons pas cru devoir les mentionner avant qu'ils n'eussent pris plus de consistance. Jusqu'à présent, aucun fait précis, que nous sachions, n'est venu les confirmer. La situation a certainement pris un aspect plus pacifique, mais nous craignons qu'on ne se hâte trop de conclure. C'est pourquoi nous nous permettons de trouver très singulière l'attitude de la presse ministérielle. Un des organes du ministère a recueilli les bruits dont nous parlons, et les a exposés tels que nous venons de les citer. Le journal qui passe pour l'écho le plus confidentiel de M. le président du conseil reproduit ces nouvelles sans aucun commentaire, et par conséquent les accepte ; mais une autre feuille, qui partage souvent aussi les mêmes confidences, les reproduit pour les contredire.

Nous demandons simplement lequel des deux organes est l'organe véritable, celui qui a l'air de croire ou celui qui ne croit pas ? On répondra sans doute que le premier a raison et que le second n'a pas tort. Mais, dans des questions aussi graves, tout le monde pensera que le ministère devrait mettre un peu plus de discipline dans ses trois ou quatre journaux. Les deux rectificateurs du soir, qui n'ont que cela à faire, auraient dû se donner la peine de nous expliquer leurs confrères, s'ils les ont compris ; à moins toutefois que le ministère n'en sache pas plus long que ses organes, ce qui n'a rien d'impossible.

PARIS, 26 OCTOBRE.

Nous sommes de l'avis des journaux du ministère du 1er mars : il faut finir le plus vite possible la crise ministérielle. Les circonstances sont graves au dedans comme au dehors. Mais ce que les journaux ministériels ne disent pas, c'est que la responsabilité de cette crise retombe surtout sur les ministres qui ont donné leur démission. Il est vrai que les écrivains de l'Opposition constitutionnelle elle-même ont pris, à leur insu, l'habitude de s'en prendre au roi de tout ce qui se passe, et la sincère douleur qu'ils ont éprouvée en voyant les attentats qui ont si souvent menacé la vie du roi, ne les empêche pas de retomber, malgré eux-mêmes, dans les habitudes de leur polémique. Quant à nous, nous ne cesserons pas de protester contre ce genre de discussion, qui diminue et abaisse la royauté sans grandir personne, qu'on en soit bien sûr. Il n'y a que la République qui puisse, en France, profiter de l'abaissement et de la ruine de la royauté. Il n'y a pas de place pour un premier consul ou pour un protecteur. Qu'on cesse donc d'imputer aveuglément la crise ministérielle à la royauté. Ce langage est périlleux pour tout le monde. La constitution l'interdit, et l'expérience, la plus cruelle des expériences, en démontre le danger.

Nous l'avons dit, nous regrettons la démission de M. Thiers ; nous aurions voulu que M. Thiers expliquât lui-même devant les Chambres, comme ministre, la politique qu'il avait adoptée ; nous l'aurions voulu, non par le malin plaisir de voir le ministère du 1er mars chargé des embarras de la situation, nous l'aurions voulu, parce que M. Thiers, en développant lui-même la politique qu'il a adoptée dans ses Notes diplomatiques, aurait montré à l'Europe que, hormis quelques brouillons révolutionnaires, tout le monde en France, le parti qui soutient M. Thiers aussi bien que le parti conservateur, veut la paix, mais ne la veut qu'à des conditions dignes du nom de la France. M. Thiers, nous le disons hautement, pouvait recommander avec beaucoup d'autorité le maintien de la paix : il était dans de bonnes dispositions pour en faire comprendre le bienfait à tous les hommes sensés de l'Opposition constitutionnelle ; il était aussi à cet égard dans de bonnes intentions, au moins quand il rédigeait ses Notes diplomatiques. Nous continuons en effet à prendre ces Notes pour l'expression de la pensée réelle de M. Thiers. Nous aimons mieux en croire ce qu'il écrit que ce qu'il inspire, dit-on ; et quand M. Thiers s'achemine vers la paix dans ses actes officiels, nous disons hautement qu'il veut la paix ; peu nous importe que quelques journaux continuent à prêcher la guerre.

Est-ce parce que les Notes de M. Thiers le conduisent nécessairement à la paix, qu'il a voulu tout-à-coup, par je ne sais qu'elle manœuvre de popularité, faire tenir à la Couronne un discours plus belliqueux que la situation ? S'est-il effrayé de se voir redevenu homme de gouvernement, tel qu'il était en 1833 et en 1834, et a-t-il voulu se retrouver homme de parti, comme il l'était en 1839, comme il l'est même encore depuis son ministère ? A-t-il voulu continuer, à l'aide d'un discours belliqueux, ce jeu de bascule entre la paix et la guerre, qui démoralise toutes les opinions depuis deux mois ? A-t-il cru que dans une situation aussi critique, il pouvait être encore ce qu'il est depuis sept mois, le chef de l'Opposition et le chef du gouvernement ? Le public hésite entre ces diverses interprétations.

Ces interprétations sont perfides, disent les journaux du 1er mars. M. Thiers a voulu que le roi dise dans son discours certaines choses que le roi n'a pas cru à propos de dire, et là-dessus il a donné sa démission. C'était son droit. Assurément, c'était son droit, et nous ne le contestons pas. Mais M. Thiers a-t-il fait un bon usage de ce droit ? voilà la question ; ou plutôt ce que M. Thiers voulait faire dire à la Couronne, était-il à propos de le dire ?

Le discours était très modéré, continuent les journaux du 1er mars ; c'était M. de Rémusat qu'il l'avait fait et M. Thiers qui l'avait remanié. Laissons les auteurs et voyons l'œuvre. L'œuvre, on ne la publie pas ; mais on donne le sens du discours. Le discours, prétend-on, n'allait pas plus loin que les Notes diplomatiques de M. Thiers, ces Notes, blâmées par ses amis de la gauche ; et quiconque approuve les Notes, doit approuver le discours. Il n'y avait *qu'un point*, dit le *Constitutionnel*, un seul, où le discours allait plus loin que les Notes : il parlait des armemens faits *et à faire*. Les armemens à faire.... le mot est gros. Examinons-le.

Le Courrier Français ne parle que des armemens faits : évidemment ce n'est pas sur les armemens faits qu'il a pu y avoir aucun dissentiment. Ils sont publics ; quel inconvénient pouvait-il y avoir à les mentionner ? Quand *le Courrier Français* a l'air de croire que le dissentiment a porté sur la mention des armemens faits, il crée un procès où il ne pouvait pas y en avoir : il a trop raison, et pour nous servir d'une expression qu'il a rendue célèbre : *il enfonce une porte ouverte.*

Quant aux armemens *à faire,* fallait-il que le roi les mentionnât dans son discours ? « Fallait-il, au moment où les negociations prenaient une tournure pacifi-
» que, faire une manifestation aussi hostile, et cela dans le plus solennel des
» documens parlementaires, dans le discours de la Couronne ?

» Ah ! si depuis huit jours il était arrivé quelque décision ou quelque fait agres-
» sif de la part des quatres puissances, nous concevrions qu'il fût parlé de nou-
» veaux armemens dans le discours du Trône, et nous n'hésitons pas à croire
» que si, dans l'intervalle qui doit s'ecouler jusqu'à la session, il arrivait une nou-
» velle de ce genre, il faudrait, quel que fût le ministère, il faudrait annoncer dans
» le discours de la Couronne que la France va armer de nouveau. Mais depuis
» huit jours aucune nouvelle, que nous sachions, n'est arrivée au ministère. » Ce n'est donc point l'état extérieur qui demandait que le discours de la Couronne annonçât de nouveaux armemens. Etait-ce l'état intérieur ? Mais on ne fait pas des armemens pour satisfaire à l'impatience brouillonne des chanteurs de *la Marseillaise* ! Les armemens qu'on annonce dans le discours du Trône sont chose sérieuse et chose coûteuse.

Pourquoi donc M. Thiers a-t-il voulu que le discours de la Couronne mentionnât les armemens à faire ? La situation n'exigeait pas cette déclaration. Qu'est-ce donc qui l'exigeait ?

Le ministère croit-il qu'il faut encore armer ? N'a-t-il pas de confiance dans *les intentions pacifiques qui ont semblé se manifester ?* Il a peut-être raison, mon Dieu ! mais il pouvait, quand les circonstances seraient venues justifier ses prévisions défiantes, il pouvait apporter à la Chambre, au nom du roi aussi, un projet de loi pour élever l'armée à 750,000 hommes ! Il pouvait faire cela avec d'autant plus d'autorité, en le faisant plus tard, que ses Notes diplomatiques et les sentimens pacifiques qu'elles exprimaient n'ayant pas réussi, il aurait eu le droit de dire aux Chambres : « Nous avons voulu la paix ; l'Europe veut la guerre : l'inutilité de nos efforts pacifiques en est la preuve ; nous vous demandons d'augmenter l'armée ! » Qui donc dans les Chambres eût résisté à ce langage ? Au lieu de cela, que voulait-on faire ? Au moment même où les négociations semblent tourner vers la paix, on les détournait brusquement par une déclaration hostile, proclamée du haut du Trône, et cela sans qu'il y ait ni un acte ni une parole quelconque, émanée récemment des puissances alliées, qui motive cette brusquerie ! Où était l'à-propos dans cette conduite ? où était l'habileté et le bon sens ?

Disons-le : annoncer des armemens nouveaux dans le discours de la Couronne, c'était déclarer la guerre, le lendemain des Notes diplomatiques qui concluaient à la paix, et sans qu'aucune nouvelle pût expliquer ou motiver ce coup de tête.

Qu'eût donc été cette déclaration ? Au dehors, un obstacle à la paix, si elle peut se faire ; au dedans, une nouvelle secousse donnée à l'opinion publique, ballotée depuis deux mois entre les actions pacifiques du ministère et les articles belliqueux de ses journaux.

M. Thiers a tenu à la mention des armemens *à faire,* et il se retire, n'ayant pas obtenu cette mention. C'est son droit, personne ne le conteste. Mais fait-il bien ? A-t-il eu raison d'amener une crise sur une pareille question ? Cela valait-il qu'il donnât sa démission, si cette démission n'avait pas eu d'autres motifs, et des motifs de parti, dont nous regrettons que M. Thiers ait cru devoir tenir compte ? Ce sont là des points sur lesquels les Chambres jugeront ; car nous sommes fort décidés à nous en tenir à l'arrêt qu'elles prononceront. Mais pour qu'elles prononcent, il faut qu'elles sachent, et voilà pourquoi nous continuons, à notre grand regret, notre discussion sur les causes de la démission de M. Thiers.

<hr>

Imprimerie de E. Brière, 55, rue Sainte-Anne.